国家数字图书馆工程标准规范成果

国家图书馆古籍元数据规范与著录规则

肖　珑　苏品红　刘大军　主编

國家圖書館出版社

图书在版编目(CIP)数据

国家图书馆古籍元数据规范与著录规则/肖珑,苏品红,刘大军主编. --北京:国家图书馆出版社,2014.2

(国家数字图书馆工程标准规范成果)

ISBN 978-7-5013-5237-1

Ⅰ.①国… Ⅱ.①肖…②苏…③刘… Ⅲ.①古籍—元数据—规范②古籍—元数据—著录规则 Ⅳ.①G255.1

中国版本图书馆 CIP 数据核字(2013)第 288943 号

书　　名　国家图书馆古籍元数据规范与著录规则

著　　者　肖珑　苏品红　刘大军　主编

丛 书 名　国家数字图书馆工程标准规范成果

责任编辑　金丽萍

出　　版　国家图书馆出版社(100034　北京市西城区文津街7号)

(原书目文献出版社　北京图书馆出版社)

发　　行　010-66114536　66126153　66151313　66175620

66121706(传真),66126156(门市部)

E-mail　btsfxb@nlc.gov.cn(邮购)

Website　www.nlcpress.com ——→投稿中心

经　　销　新华书店

印　　装　北京科信印刷有限公司

版　　次　2014年2月第1版　2014年2月第1次印刷

开　　本　787×1092(毫米)　1/16

印　　张　14.5

字　　数　150千字

书　　号　ISBN 978-7-5013-5237-1

定　　价　58.00元

《国家数字图书馆工程标准规范成果》丛书编委会

本书编委会

主　编：肖　珑　苏品红　刘大军

编　委：姚伯岳　于义芳　沈芸芸　鲍国强　谢冬荣　孙　俊　申　军

总　　序

数字图书馆涵盖多个分布式、超大规模、可互操作的异构多媒体资源库群，面向社会公众提供全方位的知识服务。它既是知识网络，又是知识中心，同时也是一套完整的知识定位系统，并将成为未来社会公共信息的中心和枢纽。数字图书馆建设的最终目标是实现对人类知识的普遍存取，使任何群体、任何个人都能与人类知识宝库近在咫尺，随时随地从中受益，从而最终消除人们在信息获取方面的不平等。“国家图书馆二期工程暨国家数字图书馆工程”是国家“十五”重点文化建设项目，由国家图书馆主持建设，其中国家数字图书馆工程的建设内容主要包括硬件基础平台、数字图书馆应用系统和数字图书馆标准规范体系。

标准规范作为数字图书馆建设的基础，是开发利用与共建共享资源的基本保障，是保证数字图书馆的资源和服务在整个数字信息环境中可利用、可互操作和可持续发展的基础。因此，在数字图书馆建设中，应坚持标准规范建设先行的原则。国家数字图书馆标准规范体系建设围绕数字资源生命周期为主线进行构建，涉及数字图书馆建设过程中所需要的主要标准，涵盖数字内容创建、数字对象描述、数字资源组织管理、数字资源服务、数字资源长期保存五个环节，共计三十余项标准。

在国家数字图书馆标准规范建设中，国家图书馆本着合作、开放、共建的原则，引入有相关标准研制及实施经验的文献信息机构、科研机构以及企业单位承担标准规范的研制工作，这就使得国家数字图书馆标准规范的研制能够充分依托国家图书馆及各研制单位数字图书馆建设的实践与研究，使国家数字图书馆的标准规范成果具有广泛的开放性与适用性。本次出版的系列成果均经过国家图书馆验收、网上公开质询以及业界专家验收等多个验收环节，确保了标准规范成果的科学性及实用性。

目前，国内数字图书馆标准规范尚处于研究与探索性应用阶段，国家图书馆担负的职责与任务决定了我们在数字图书馆标准规范建设方面具有的责任。此次将国家数字图书馆工程标准规范研制成果付梓出版，将为其他图书馆、数字图书馆建设及相关行业数字资源建设与服务提供建设规范依据，对于推广国家数字图书馆建设成果、提高我国数字图书馆建设标准化水平、促进数字资源与服务的共建共享具有重要意义。

国家图书馆馆长　周和平

2010 年 8 月

目　　录

前　言

自上世纪末以来，元数据作为揭示、管理信息资源的一种重要手段逐步得到了图书情报相关领域专家的重视，相关的应用研究和试验在我国图书情报界蓬勃开展。2005年由北京大学图书馆研制的国家科技部科技基础条件平台重大项目“我国数字图书馆标准与规范建设”的子项目——“专门元数据”中的研究成果“古籍元数据规范”及“古籍元数据著录规则”，是首次以古籍为对象的元数据应用方案。该成果在开放实验的基础上，在相关的数字图书馆领域中得到具体的应用和实践。

随着元数据应用的不断深入，元数据应用和实践需要更具操作性和指导性的文件来规范。恰逢国家数字图书馆工程建设大规模开展，古籍元数据规范的研制成为其中亟待解决的关键问题之一。2009年7月，国家图书馆将《国家数字图书馆工程专门元数据标准与著录规范——古籍》项目以单一来源采购的方式，与拓片、舆图等古文献类型元数据标准规范一起，交由北京大学图书馆负责研制完成。

《国家数字图书馆专门元数据标准与著录规范——古籍》项目的主要任务是研制“国家图书馆古籍元数据规范”“国家图书馆古籍元数据著录规则”，以及“国家图书馆古籍元数据著录实例”，同时还需要提交“国家图书馆古籍资源调研与分析报告”。

在项目进行之前，项目组人员对国家图书馆古籍资源概况及其对于古籍元数据的需求进行了详细调查，同时对比分析了国内外主要古籍元数据的特点及可借鉴之处，在此基础上明确了古籍元数据规范的设计目的及应对方案，并最终确定了著录对象、著录单位以及著录内容。

数字资源元数据与传统的图书馆编目有较大不同，它不但包括对资源自身的描述，还包括诸如资源管理、保存结构、质量评价等诸多信息。其编制也不仅限于编目部一个部门，而是涉及数字加工、计算机系统管理等多个部门。数字资源元数据的这些变化，决定了任何试图通过一种元数据规范来解决所有问题的方案都是行不通的。本次古籍专门元数据规范的设计将侧重点放到以下两个方面：①全面寻找古籍数字资源不同于其他资源的特征；②充分揭示上述古籍数字资源的特征。古籍数字资源的其他信息可以通过为所有数字资源设计编制的一般管理型元数据标准及一般结构型元数据规范来揭示。

项目研究成果借鉴并参考国内外最新的相关元数据研究成果，与科技部《我国数字图书馆标准与规范建设》、CALIS《中国高等教育数字图书馆技术标准与规范》等标准规范保持合理的一致性。同时遵循下列标准规范：

a. 国家图书馆元数据应用规范

b. 国家图书馆专门元数据设计规范

c. 元数据的定义方法参照 ISO/IEC 11179：元数据注册系统

d. 规范文档的书写标准参照 GB/T 1.1—2000：标准化工作导则　第 1 部分：标准的结构和编写规则

《国家数字图书馆工程专门元数据标准与著录规范——古籍》项目由肖珑、苏品红、刘大军负责统筹及成果的最终审核。项目具体成果及撰写分工为：

1.《国家图书馆古籍元数据规范》：刘大军、姚伯岳、于义芳、沈芸芸

2.《国家图书馆古籍元数据著录规则》：刘大军、姚伯岳、于义芳、沈芸芸

3.《国家图书馆古籍资源调研与分析报告》：刘大军、马月华、姚伯岳

4.《国家图书馆古籍元数据著录实例》：于义芳、马月华、刘大军

国家图书馆项目组的谢冬荣、鲍国强、冀亚平、王荟、卢芳玉、白鸿叶、孙俊、申军等在项目需求的提出、调研的配合、成果的讨论和修改以及最终定稿等方面做了大量工作。很多业界同仁对本标准规范的修改也提出了许多很好的意见和建议，对本项目成果的完善做出了贡献。

本书即以《国家数字图书馆专门元数据标准与著录规范——古籍》项目的研究成果为基础编纂而成。限于体例，《国家图书馆古籍资源调研与分析报告》部分不予收入。

本书主旨是为国家图书馆古籍元数据应用提供原则性的指导，同时也具备较广泛的适用性和可操作性，除指导国家图书馆古籍元数据应用实践外，国内各相关单位在制定本单位的古籍元数据应用方案时，均可以参考使用。

编者

2013 年 5 月 31 日

第一部分　国家图书馆古籍元数据规范

1 范围

本标准规范规定了国家数字图书馆描述古籍资源内容和形式特征的专门元数据元素集，以保证国家数字图书馆古籍元数据在功能、数据结构、格式、语义语法等方面的一致性和整体性，方便在今后更大范围内实现与其他系统或数字图书馆的互操作和数据共享。

本标准规范适用于描述由古籍原物复制转换而成的古籍数字资源，也适用于直接描述古籍原物或古籍缩微资源。

舆图、拓片、家谱等类型古代文献资源因有另行制定的专门元数据规范，不在本标准规范的描述对象范围之内。

2 规范性引用文件

WH/T 20—2006　古籍定级标准

WH/T 22—2006　古籍特藏破损定级标准

GC－FJ080116 D004－1－3　国家图书馆元数据应用规范

GC－FJ080116 D004－2－2　国家图书馆元数据核心元素集

GC－FJ080116 D004－2－3　国家图书馆元数据核心元素集著录规则

GC－FJ080116 D004－3－1　国家图书馆专门元数据设计规范

3 术语和定义

3.1 古籍资源

书写或印刷于1912年以前具有中国古典装帧形式的书籍，以及据其原样复制转换而成的数字化图像或缩微胶卷(片)等。

3.2 古籍原物

书写或印刷于1912年以前具有中国古典装帧形式的书籍。1912年以后制作的具有中国古典装帧形式的书籍也常常被视同古籍。

3.3 古籍数字资源

对古籍原物进行数字化复制转换后得到的古籍数字化图像。

3.4 古籍缩微资源

对古籍原物进行照相复制而产生的缩微胶卷或缩微胶片。

3.5 元数据

关于信息资源或数据的一种结构化的数据。

3.6 描述性元数据

对信息资源本身的内容、属性、外在特征进行描述的元数据。

3.7 元素

元数据集合中用于定义和描述数据的基本单元，由一组属性描述、定义、标识，并允许值限定。

3.8 修饰词

当元素无法满足对资源对象的精确描述需要时进一步扩展出的术语。修饰词包括两种类型：元素修饰词和编码体系修饰词。

3.9 元素修饰词

对元素的语义进行修饰，提高元素的专指性和精确性。

3.10 编码体系修饰词

用来帮助解析某个术语值的上下文信息或解析规则。其形式包括受控词表、规范表或者解析规则。

3.11 复用

在元数据应用过程中，对于其他元数据标准中已经有明确定义并适用于本应用领域的元素的直接使用，并在使用时明确标明其地址。

3.12 核心元素

使用频率高的、共性的、可用于不同类型的信息资源描述的元数据元素。参考 ISO 15836：2009

中的 15 项元素确定。

3.13 古文献类型核心元素

根据古文献类型资源对象的特点设计出的、为古文献类型资源共同所需的元素。

4 著录单位

本标准规范规定，古籍的著录单位分为两个级别：①以每种古籍原物（或与其对应的古籍数字资源、缩微资源）的每个藏本为基本著录单位；②以每种古籍原物的每个版印为基本著录单位。著录时可根据具体情况及需求选取著录单位的级别。

这里所谓的“种”，既包括内容上能够独立存在的一个资源对象，也包括内容上不宜分割的一组资源对象。

5 元数据规范的内容结构

古籍描述性元数据规范由 15 个核心元素、6 个古文献类型核心元素组成，共 21 个元素。如有特别需要，可遵循《国家图书馆元数据总则》中的扩展规则进行本地扩展。

表 1 古籍元数据规范元素及修饰词列表

元素	元素修饰词	编码体系修饰词	复用标准
核心元素 15 个			
1. 题名			dc:title
	并列题名		
	版心题名		
	内封题名		
	书衣题名		
	书根题名		
	卷端题名		
	其他题名		
2. 主要责任者			dc:creator
	责任者说明		
	责任方式		

续表

元素	元素修饰词	编码体系修饰词	复用标准
3. 其他责任者			dc:contributor
	责任者说明		
	责任方式		
4. 日期			dc:date
	出版日期		dcterms:issued
	印刷日期		
		年号纪年	
		公元纪年	
5. 出版者			dc:publisher
	出版地		
	印刷者		
	印刷地		
6. 附注			dc:description
	行款版式		
	相关文献附注		
	缺字附注		
	责任者附注		
	从编附注		
	子目附注		dcterms:tableOfContents
	附录		
	提要		dcterms:abstract
7. 相关资源			dc:relation
	从编		dcterms:isPartOf
	子目		dcterms:hasPart
	合刻书名		
	合抄书名		
	合印书名		
	合装书名		
	合函书名		
	附录		
	书目文献		dcterms:isReferencedBy
		URI	dcterms:URI

续表

元素	元素修饰词	编码体系修饰词	复用标准
8. 主题			dc:subject
		中国分类主题词表	
		四库类名	
9. 时空范围			dc:coverage
	地名		dcterms:spatial
	年代		dcterms:temporal
		年号纪年	
		公元纪年	
10. 语种			dc:language
11. 类型			dc:type
12. 格式			dc:format
		IMT	dcterms:IMT
13. 标识符			dc:identifier
		URI	dcterms:URI
14. 来源			dc:source
15. 权限			dc:rights
古文献类型核心元素 6 个			
1. 版本类型			mods:edition
	版印说明		
2. 载体形态			
	装订方式		
	数量		
	图表		
	尺寸		
	附件		
3. 收藏历史			dcterms:provenance
	获得方式		
	题跋印记		
4. 文献保护			
	文物级别		
	破损级别		
5. 馆藏信息			mods:location
	典藏址		

续表

元素	元素修饰词	编码体系修饰词	复用标准
	典藏号		
	其他编号		
6. 其他复本信息			

6 元数据规范的术语和定义

古籍元数据规范中的术语通过以下属性进行定义:

表 2 古籍元数据规范术语定义属性表

序号	属性名	属性定义	约束
1	标识符(Identifier)	术语的唯一标识符,以 URI 的形式给出	必备
2	名称(Name)	赋予术语的唯一标记	必备
3	出处(Defined By)	一般给出术语的来源名称及来源的 URI,如“Dublin Core Terms: http://purl. org/dc/terms/”。如无来源名称与 URI,则给出定义该术语或维护术语的机构名称。或者也可以是书目引文,指向定义该术语的文献	必备
4	标签(Label)	术语在本元数据标准中的可读标签,这里可以给出一个与出处中原始标签不相同、更能表达清楚具体语义的可读标签	必备
5	定义(Definition)	本元数据标准对术语概念与内涵的说明,可以是出处中原始定义的具体化,但语义上与原始定义不允许有冲突、不允许扩大原始的语义	必备
6	注释(Comments)	术语在本元数据标准中需要说明的内容,比如特殊的用法等	可选
7	术语类型(Type of Term)	术语的类型。其值为:元素、元素修饰词和编码体系修饰词	必备
8	限定(Refines)	在定义元素修饰词时,明确给出该术语所修饰的元素在本标准中的标签	有则必备
9	元素修饰词(Refined By)	在定义元素时,若有元素修饰词,明确给出元素修饰词在本标准中的标签	有则必备

续表

序号	属性名	属性定义	约束
10	编码体系应用于(Encoding Scheme For)	在定义编码体系修饰词时,明确给出该术语修饰的元素或元素修饰词在本标准中的标签	有则必备
11	编码体系修饰词(Encoding Scheme)	在定义元素或元素修饰词时,若有编码体系修饰词,明确给出编码体系修饰词在本标准中的标签	有则必备
12	数据类型(Datatype)	术语允许取值的数据类型	可选
13	版本(Version)	产生该术语的元数据标准版本	可选
14	语言(Language)	用来说明术语的语言	可选
15	频次范围(Occurrence)	术语使用的频次范围。采用区间的表示方法:[min, max],同时包括了对必备性和最大使用频次的定义。min=0 表示可选,min=1 表示必须,max=10 表示最大使用频率为 10 次,max=∞ 表示最大使用频次没有限制	可选

上述属性中的四项做如下固定取值:

- 版本:1.0
- 语言:缺省为中文
- 数据类型:字符串
- 频次范围:不限,为[0,∞)

7 核心元素及其修饰词定义

7.1 题名

标识符:http://www.nlc.gov.cn/core/elements/title

名称:title

出处:Dublin Core Terms:http://purl.org/dc/terms/

标签:题名

定义:古籍资源的名称。

注释:正题名及其说明文字如卷数等著录于此。其他各种题名可作为其修饰词著录。

术语类型:元素

元素修饰词:并列题名,版心题名,内封题名,书衣题名,书根题名,卷端题名,其他题名

7.1.1 并列题名

标识符:http://www.nlc.gov.cn/core/terms/parallelTitle

名称:parallel title

出处:http://www.nlc.gov.cn/core/terms/

标签:并列题名

定义:与正题名相对应的另一种语言文字的题名。

注释:汉语拼音题名不视为并列题名。

术语类型:元素修饰词

限定:题名

7.1.2 版心题名

标识符:http://www.nlc.gov.cn/core/terms/runningTitle

名称:running title

出处:http://www.nlc.gov.cn/core/terms/

标签:版心题名

定义:在古籍版心上书写或印制的题名。

术语类型:元素修饰词

限定:题名

7.1.3 内封题名

标识符:http://www.nlc.gov.cn/core/terms/title-pageTitle

名称:title-page title

出处:http://www.nlc.gov.cn/core/terms/

标签:内封题名

定义:在古籍内封上书写或印刷的题名。

注释:内封是古籍内封面的简称,亦称题名页。

术语类型:元素修饰词

限定:题名

7.1.4 书衣题名

标识符:http://www.nlc.gov.cn/core/terms/coverTitle

名称:cover title

出处:http://www.nlc.gov.cn/core/terms/

标签:书衣题名

定义:在古籍书衣上书写或印制的题名。

注释:书衣是古籍的封面包装。书衣题名一般书写或印刷在书衣左上方的书签上,有的书衣题名则直接书写或印刷在书衣的左上方。

术语类型:元素修饰词

限定:题名

7.1.5 书根题名

标识符:http://www.nlc.gov.cn/core/terms/book'sRootTitle

名称:book's root title

出处:http://www.nlc.gov.cn/core/terms/

标签:书根题名

定义:在古籍书根上书写或印制的题名。

注释:书根是书籍下端的切口部分。古籍原物多卧置,为便于检阅,常利用书根书写或加印题名、卷次和册数。

术语类型:元素修饰词

限定:题名

7.1.6 卷端题名

标识符:http://www.nlc.gov.cn/core/terms/captionTitle

名称:caption title

出处:http://www.nlc.gov.cn/core/terms/

标签:卷端题名

定义:书写或印刷于古籍卷端上的题名。

注释:卷端是古籍每卷正文前说明题名、责任者及版刻情况几行文字所处的部位。

术语类型:元素修饰词

限定:题名

7.1.7 其他题名

标识符:http://www.nlc.gov.cn/core/terms/otherTitle

名称:other title

出处:http://www.nlc.gov.cn/core/terms/

标签:其他题名

定义:与正题名等不同的题名。

注释:即不同于正题名、并列题名、版心题名、内封题名、书衣题名、书根题名、卷端题名的题名。

术语类型:元素修饰词

限定:题名

示例:

题名:資治通鑑:二百九十四卷,附釋文辨誤十二卷

7.2 主要责任者

标识符:http://www. nlc. gov. cn/core/elements/creator

名称:creator

出处:Dublin Core Terms:http://purl. org/dc/terms/

标签:主要责任者

定义:对创建古籍负主要责任的实体。

注释:古籍主要责任者名称、责任方式,及其所处的时代、朝代、国别或身份等。

术语类型:元素

元素修饰词:责任方式,责任者说明

7.2.1 责任者说明

标识符:http://www. nlc. gov. cn/core/terms/statementOfResponsibility

名称:statement of responsibility

出处:http://www. nlc. gov. cn/core/terms/

标签:责任者说明

定义:责任者的时代、朝代、国别或身份等。

注释:可参见现有各种规范,或自建相应规范档。

术语类型:元素修饰词

限定:主要责任者

7.2.2 责任方式

标识符:http://www. nlc. gov. cn/core/terms/role

名称:role

出处:http://www. nlc. gov. cn/core/terms/

标签:责任方式

定义:责任者在古籍内容形成过程中所做的工作。

注释:标明责任者与资源之间的关系,例如撰、纂、修、纂修、注、编、辑、译、书、绘等。

术语类型:元素修饰词

限定:主要责任者

示例:

例 1:主要责任者:韓愈

责任者说明:唐

责任方式:撰

例 2:主要责任者:鳩摩羅什

责任者说明:後秦釋

责任方式:譯

例 3:主要责任者:太宰純

责任者说明:日本

责任方式:撰

7.3 其他责任者

标识符:http://www.nlc.gov.cn/core/elements/contributor

名称:contributor

出处:Dublin Core Terms:http://purl.org/dc/terms/

标签:其他责任者

定义:对古籍资源的创建有贡献的实体。

注释:古籍其他责任者名称、责任方式,及其所处的时代、朝代、国别或身份等。

术语类型:元素

元素修饰词:责任方式,责任者说明

7.3.1 责任者说明

标识符:http://www.nlc.gov.cn/core/terms/statementOfResponsibility

名称:statement of responsibility

出处:http://www.nlc.gov.cn/core/terms/

标签:责任者说明

定义:责任者的时代、朝代、国别或身份等。

注释:可参见现有各种规范,或自建相应规范档。

术语类型:元素修饰词

限定:其他责任者

7.3.2 责任方式

标识符:http://www.nlc.gov.cn/core/terms/role

名称:role

出处:http://www.nlc.gov.cn/core/terms/

标签:责任方式

定义:责任者在古籍资源形成过程中所做的工作。

注释:标明责任者与资源之间的关系,例如:撰、纂、修、纂修、注、编、辑、译、书、绘等。

术语类型:元素修饰词

限定:其他责任者

7.4 日期

标识符:http://www.nlc.gov.cn/core/elements/date

名称:date

出处:Dublin Core Terms:http://purl.org/dc/terms/

标签:日期

定义:与古籍资源本身生命周期中的一个事件相关的时间。

注释:此项著录古籍原物书写刻印的年份。年号纪年以中国朝代(或日本、朝鲜、越南)、年号、纪年的顺序著录。

术语类型:元素

元素修饰词:出版日期,印刷日期

编码体系修饰词:年号纪年,公元纪年

7.4.1 出版日期

标识符:http://www.nlc.gov.cn/core/terms/issued

名称:issued

出处:Dublin Core Terms:http://purl.org/dc/terms/

标签:出版日期

定义:创制或复制古籍资源的时间。

注释:将古籍资源印制或书写出来的时间。

术语类型:元素修饰词

限定:日期

编码体系修饰词:年号纪年,公元纪年

7.4.2 印刷日期

标识符:http://www.nlc.gov.cn/core/terms/printed

名称:printed

出处:http://www.nlc.gov.cn/core/terms/

标签:印刷日期

定义:将古籍资源印制在纸张等介质上的时间。

注释:此项说明古籍资源与出版日期不同的印刷时间。著录的印刷日期应当晚于出版日期。

术语类型:元素修饰词

限定:日期

编码体系修饰词:年号纪年,公元纪年

7.4.3 年号纪年

标识符:http://www.nlc.gov.cn/core/terms/ChineseCalendar

名称:Chinese Calendar

出处:http://www.nlc.gov.cn/core/terms/

标签:年号纪年

定义:按中国及其周边国家以皇帝(或国王)的年号或国号为名称的纪年法标记的历史年代。

注释:中国帝王年号前应加中国朝代名,中国周边国家年号前应加国别。

术语类型:编码体系修饰词

编码体系应用于:日期,出版日期,印刷日期

7.4.4 公元纪年

标识符:http://www.nlc.gov.cn/core/terms/GregorianCalendar

名称:Gregorian Calendar

出处:http://www.nlc.gov.cn/core/terms/

标签:公元纪年

定义:按以耶稣出生之年算起的基督教纪年法(又称西元纪年,简称“公元”或“西元”)标记的历史年代。

注释:是目前世界上大多数国家纪年的标准。

术语类型:编码体系修饰词

编码体系应用于:日期,出版日期,印刷日期

7.5 出版者

标识符:http://www.nlc.gov.cn/core/elements/publisher

名称:publisher

出处:Dublin Core Terms:http://purl.org/dc/terms/

标签:出版者

定义:对创制或复制古籍资源负责任的实体。

注释:该元素说明古籍资源抄写、刻印及制作的责任者及其地点。

术语类型:元素

元素修饰词:印刷者,出版地,印刷地

7.5.1 印刷者

标识符:http://www.nlc.gov.cn/core/terms/printer

名称:printer

出处:http://www.nlc.gov.cn/core/terms/

标签:印刷者

定义:将图文印制在纸张等介质上,批量制作古籍资源复本的机构或个人。

注释:此项说明与出版者不同的印制古籍资源的责任者。

术语类型:元素修饰词

限定:出版者

7.5.2 出版地

标识符:http://www.nlc.gov.cn/core/terms/placeOfPublication

名称:place of publication

出处:http://www.nlc.gov.cn/core/terms/

标签:出版地

定义:创制或复制古籍资源的地点。

注释:出版者编撰或复制古籍资源的地点。

术语类型:元素修饰词

限定:出版者

7.5.3 印刷地

标识符:http://www.nlc.gov.cn/core/terms/placeOfPrinting

名称:place of printing

出处:http://www.nlc.gov.cn/core/terms/

标签:印刷地

定义:印刷者使用工具批量制作古籍资源复本的地点。

注释:此项说明与出版地不同的印制古籍资源的地点。

术语类型:元素修饰词

限定:出版者

示例:

例 1:出版者:崇文書局

出版地:武昌

出版日期:年号纪年:清光緒三十一年

公元纪年:1905

例 2:出版者:古書流通處

出版地:上海

出版日期:年号纪年:民國十年

公元纪年:1921

印刷者:文寶公司

7.6 附注

标识符:http://www.nlc.gov.cn/core/elements/description

名称:description

出处:Dublin Core Terms:http://purl.org/dc/terms/

标签:附注

定义:记录未在其他元素项(含修饰词)著录又有必要补充说明的内容。

注释:此项著录古籍资源内容、形式各方面的注释说明。

术语类型:元素

元素修饰词:行款版式,相关文献附注,缺字附注,责任者附注,丛编,子目,附录,提要

7.6.1 行款版式

标识符:http://www.nlc.gov.cn/core/terms/paragraphFormat

名称:paragraph format

出处:http://www.nlc.gov.cn/core/terms/

标签:行款版式

定义:行款是古籍每叶或每半叶的行数和每行的字数;版式是古籍版面的安排方式。

注释:此项著录古籍原物每叶或每半叶的行数和每行的大小字数,以及书口、版框形式、鱼尾及版框尺寸等情况。

术语类型:元素修饰词

限定:载体形态

7.6.2　相关文献附注

标识符:http://www.nlc.gov.cn/core/terms/relationDescription

名称:relation description

出处:http://www.nlc.gov.cn/core/terms/

标签:相关文献附注

定义:与本资源相关的其他文献的说明。

注释:古籍版本的底本依据,其翻刻、后刻版本的情况;合刻、合印等情况的说明等。

术语类型:元素修饰词

限定:附注

7.6.3　缺字附注

标识符:http://www.nlc.gov.cn/core/terms/missingCharacters

名称:missing characters

出处:http://www.nlc.gov.cn/core/terms/

标签:缺字附注

定义:记录和描述现有字库中缺少的文字等。

注释:记录和描述的方式可参见国家图书馆编《汉语文古籍机读目录格式使用手册》相关部分。

术语类型:元素修饰词

限定:附注

7.6.4　责任者附注

标识符:http://www.nlc.gov.cn/core/terms/creatorDescription

名称:creator description

出处:http://www.nlc.gov.cn/core/terms/

标签:责任者附注

定义:主要责任者和其他责任者的姓名、字号、生平等方面需要说明的情况。

注释:相同责任者在古籍中使用的名称与责任者项著录的名称出现差异时,可在此说明。

术语类型:元素修饰词

限定:附注

7.6.5　丛编附注

标识符:http://www.nlc.gov.cn/core/terms/descriptionSeries

名称:series description

出处:http://www.nlc.gov.cn/core/terms/

标签:丛编附注

定义:对本资源所属丛编的说明。

注释:此处著录没有单独书目记录的丛编事项,如丛编题名、所处丛编内部序列位置等。

术语类型:元素修饰词

限定:附注

7.6.6 子目附注

标识符:http://www.nlc.gov.cn/core/terms/tableOfContents

名称:table of contents

出处:Dublin Core Terms:http://purl.org/dc/terms/

标签:子目附注

定义:对本资源所包含子目的说明。

注释:此处著录没有单独书目记录的丛编子目事项,如子目题名、责任者以及子目序列等。

术语类型:元素修饰词

限定:附注

7.6.7 附录

标识符:http://www.nlc.gov.cn/core/terms/appendix

名称:appendix

出处:http://www.nlc.gov.cn/core/terms/

标签:附录

定义:古籍正文之后的附加性内容,包括附刻。

注释:此处著录没有单独书目记录的附录信息。

术语类型:元素修饰词

限定:附注

7.6.8 提要

标识符:http://www.nlc.gov.cn/core/terms/abstract

名称:abstract

出处:Dublin Core Terms:http://purl.org/dc/terms/

标签:提要

定义:古籍资源内容、形式的要点。

术语类型:元素修饰词

限定:附注

示例:

例1:附注:題名據版心題名,版刻年據乾隆二十年序

例2:附注:缺卷一至三

例3:行款版式:11行22字,小字雙行同,下黑口,四周雙邊,單魚尾,版框16.1×10.3cm

例4:相关文献附注:據康熙十八年刻本影印

例5:缺字附注:〓=[糹(左)+尋(右)](xun)

例6:丛编附注:學津討源

例7:子目附注:半螺龕詩存:前編一卷後編一卷;半螺龕試帖存:一卷;半螺龕雜誌:一卷

例8:附录:吏部考功司郎中孫公墓誌銘:[孫宗彝]/(清)錢陸燦編

7.7 相关资源

标识符:http://www.nlc.gov.cn/core/elements/relation

名称:relation

出处:Dublin Core Terms:http://purl.org/dc/terms/

标签:相关资源

定义:链接与所著录古籍资源相关联的其他资源。

注释:此元素为超链接,可以是内部链接,也可以是外部链接或锚点链接。古籍原物与以该原物为底本制作的数字资源及缩微资源可在此元素链接著录。

术语类型:元素

元素修饰词:丛编,子目,合刻书名,合抄书名,合印书名,合装书名,合函书名,附录,书目文献

编码体系修饰词:URI

7.7.1 丛编

标识符:http://www.nlc.gov.cn/core/terms/isPartOf

名称:is part of

出处:Dublin Core Terms:http://purl.org/dc/terms/

标签:丛编

定义:在内容和形式,或者典藏方式上具有一定联系,并具有独立子目题名和总题名的古籍集合。

注释:此处链接古籍所属的丛编记录。

术语类型:元素修饰词

限定:相关资源

编码体系修饰词:URI

7.7.2 子目

标识符:http://www.nlc.gov.cn/core/terms/hasPart

名称:has part

出处:Dublin Core Terms:http://purl.org/dc/terms/

标签:子目

定义:组成古籍丛编的单种古籍。

注释:此处链接古籍从编所属的子目记录。

术语类型:元素修饰词

限定:相关资源

编码体系修饰词:URI

7.7.3 合刻书名

标识符:http://www.nlc.gov.cn/core/terms/engravedWith

名称:engraved with

出处:http://www.nlc.gov.cn/core/terms/

标签:合刻书名

定义:与著录版本同时刻版而又装褫在一起的古籍的题名。

注释:此处链接与著录古籍原物合刻的古籍的书目记录。

术语类型:元素修饰词

限定:相关资源

编码体系修饰词:URI

7.7.4 合抄书名

标识符:http://www.nlc.gov.cn/core/terms/transcribedWith

名称:transcribed with

出处:http://www.nlc.gov.cn/core/terms/

标签:合抄书名

定义:与著录版本同时抄写而又装褫在一起的古籍的题名。

注释:此处链接与著录古籍原物合抄的古籍的书目记录。

术语类型:元素修饰词

限定:相关资源

编码体系修饰词:URI

7.7.5 合印书名

标识符:http://www.nlc.gov.cn/core/terms/printedWith

名称:printed with

出处:http://www.nlc.gov.cn/core/terms/

标签:合印书名

定义:与著录版本同时印刷而又装褫在一起的古籍的题名。

注释:此处链接与著录古籍原物合印的古籍的书目记录。

术语类型:元素修饰词

限定:相关资源

编码体系修饰词:URI

7.7.6 合装书名

标识符:http://www.nlc.gov.cn/core/terms/boundWith

名称:bound with

出处:http://www.nlc.gov.cn/core/terms/

标签:合装书名

定义:与著录对象装褫在一起的古籍的题名。

注释:此处链接与著录古籍原物合装的古籍的书目记录。

术语类型:元素修饰词

限定:相关资源

编码体系修饰词:URI

7.7.7 合函书名

标识符:http://www.nlc.gov.cn/core/terms/sameSlipcaseWith

名称:same slipcase with

出处:http://www.nlc.gov.cn/core/terms/

标签:合函书名

定义:与著录对象合装在同一函套中的古籍的题名。

注释:此处链接与著录古籍原物合函的古籍的书目记录。

术语类型:元素修饰词

限定:相关资源

编码体系修饰词:URI

7.7.8 附录

标识符:http://www.nlc.gov.cn/core/terms/relationAppendix

名称:relation appendix

出处:http://www.nlc.gov.cn/core/terms/

标签:附录

定义:古籍正文之后的附加性内容,包括附刻。

注释:此处链接著录古籍附录的书目记录。

术语类型:元素修饰词

限定:相关资源

编码体系修饰词:URI

7.7.9 书目文献

标识符:http://www.nlc.gov.cn/core/terms/isReferencedBy

名称:is referenced by

出处:Dublin Core Terms:http://purl.org/dc/terms/

标签:书目文献

定义:著录或记载有该古籍资源的目录资料。

注释:此处链接收录有被著录古籍资源的书目文献的书目记录。

术语类型:元素修饰词

限定:相关资源

编码体系修饰词:URI

7.7.10 URI

标识符:http://www.nlc.gov.cn/core/terms/URI

名称:URI

出处:Dublin Core Terms:http://purl.org/dc/terms/

标签:URI

定义:统一资源标识符。

注释:参见:http://www.ietf.org/rfc/rfc2396.txt

术语类型:编码体系修饰词

编码体系应用于:相关资源,丛编,子目,合刻书名,合抄书名,合印书名,合装书名,合函书名,附录,书目文献

示例:

例1:相关资源:數字資源

相关资源:縮微資源

例2:丛编:求恕齋叢書:三十種

例3:子目:周易集義:八卷

例4:合刻书名:莊子翼:八卷

7.8 主题

标识符:http://www.nlc.gov.cn/core/elements/subject

名称:subject

出处:Dublin Core Terms:http://purl.org/dc/terms/

标签:主题

定义:使用特定词汇对古籍资源内容的归纳描述。

编码体系修饰词:中国分类主题词表,四库类名

7.8.1 中国分类主题词表

标识符:http://www.nlc.gov.cn/core/terms/CCT

名称:CCT

出处:http://www.nlc.gov.cn/core/terms/

标签:中国分类主题词表

定义:依据《中国分类主题词表》对古籍资源进行标引的规范主题词。

术语类型:编码体系修饰词

编码体系应用于:主题

7.8.2 四库类名

标识符:http://www.nlc.gov.cn/core/terms/FDC

名称:FDC

出处:http://www.nlc.gov.cn/core/terms/

标签:四库类名

定义:依照中国传统的四部分类法对古籍资源进行标引的类名。

术语类型:编码体系修饰词

编码体系应用于:主题

示例:

主题词:目錄,版本,古籍,中國

四库类名:史部,目錄類,經籍之屬

7.9 时空范围

标识符:http://www.nlc.gov.cn/core/elements/coverage

名称:coverage

出处:Dublin Core Terms:http://purl.org/dc/terms/

标签:时空范围

定义:古籍资源内容所涉及的地域范围和时间范围。

注释:此元素可用于GIS(Geographic Information System,地理信息系统)的制作。

术语类型:元素

元素修饰词:地名,年代

编码体系修饰词:年号纪年,公元纪年

7.9.1 地名

标识符:http://www.nlc.gov.cn/core/terms/spatial

名称:spatial

出处:Dublin Core Terms:http://purl.org/dc/terms/

标签:地名

定义:古籍资源内容所涉及的地域范围。

术语类型:元素修饰词

限定:时空范围

7.9.2 年代

标识符:http://www.nlc.gov.cn/core/terms/temporal

名称:temporal

出处:Dublin Core Terms:http://purl.org/dc/terms/

标签:年代

定义:古籍资源内容所涉及的时间范围。

术语类型:元素修饰词

限定:时空范围

编码体系修饰词:年号纪年,公元纪年

7.9.3 年号纪年

标识符:http://www.nlc.gov.cn/core/terms/ChineseCalendar

名称:Chinese Calendar

出处:http://www.nlc.gov.cn/core/terms/

标签:年号纪年

定义:按中国及其周边国家以皇帝(或国王)的年号或国号为名称的纪年法标记的历史年代。

注释:中国封建王朝年号前应加朝代名,中国周边国家年号前应加国别名。参见:万国鼎《中国历史纪年表》,郑鹤声《近世中西史日对照表》。

术语类型:编码体系修饰词

编码体系应用于:时空范围,年代

7.9.4 公元纪年

标识符:http://www.nlc.gov.cn/core/terms/GregorianCalendar

名称:Gregorian Calendar

出处:http://www.nlc.gov.cn/core/terms/

标签:公元纪年

定义:按以耶稣出生之年算起的基督教纪年法(又称西元纪年,简称"公元"或"西元")标记的历史年代。

注释:是目前世界上大多数国家纪年的标准。

术语类型:编码体系修饰词

编码体系应用于:时空范围,年代

示例:

例1:时间(年号纪年):唐

时间(公元纪年):618-907

地名:西安

例2:时间(年号纪年):清康熙

时间(公元纪年):1662-1722

地名:錢塘,浙江

7.10 语种

标识符:http://www.nlc.gov.cn/core/elements/language

名称:language

出处:Dublin Core Terms:http://purl.org/dc/terms/

标签:语种

定义:古籍资源内容所使用的语言种类。

注释:此项著录古籍内容所使用的主体语种,偶尔出现的其他语种不必著录。

术语类型:元素

示例:

例 1:语种:漢語

例 2:语种:満語

语种:漢語

例 3:语种:日語

7.11 类型

标识符:http://www. nlc. gov. cn/core/elements/type

名称:type

出处:Dublin Core Terms:http://purl. org/dc/terms/

标签:类型

定义:根据资源内容形式特征进行的种类划分。

注释:此元素应在已设定的受控词表中选取。

术语类型:元素

示例:

例 1:类型:古籍

例 2:类型:古籍數字資源

7.12 格式

标识符:http://www. nlc. gov. cn/core/elements/format

名称:format

出处:Dublin Core Terms:http://purl. org/dc/terms/

标签:格式

定义:古籍数字资源、缩微资源的表现形式。

注释:包括资源的媒体类型或资源的大小,也可以用来标识展示或操作资源所需的软硬件或其他相应设备,例如尺寸规格可以是大小尺寸或持续时间。建议采用受控词表,例如互联网媒体类型[MIME]定义的计算机媒体格式表。“格式”元素仅用来描述古籍数字资源、缩微资源,纸本古籍的信息在“载体形态”元素中描述。

编码体系修饰词:IMT

术语类型:元素

IMT

标识符:http://www. nlc. gov. cn/core/terms/IMT

名称:IMT

出处:Dublin Core Terms:http://purl. org/dc/terms/

标签:IMT

定义:资源的互联网媒体类型。

术语类型:编码体系修饰词

编码体系应用于:格式

示例:

格式:image/jpeg,256 色 300dpi,233M

7.13 标识符

标识符:http://www. nlc. gov. cn/core/elements/identifier

名称:identifier

出处:Dublin Core Terms:http://purl. org/dc/terms/

标签:标识符

定义:古籍资源在一定体系下的唯一标识。

术语类型:元素

编码体系修饰词:URI

URI

标识符:http://www. nlc. gov. cn/core/terms/URI

名称:URI

出处:Dublin Core Terms:http://purl. org/dc/terms/

标签:URI

定义:统一资源标识符。

术语类型:编码体系修饰词

编码体系应用于:标识符

7.14 来源

标识符:http://www. nlc. gov. cn/core/elements/source

名称:source

出处:Dublin Core Terms:http://purl. org/dc/terms/

标签:来源

定义:与当前古籍数字资源、缩微资源来源有关的资源。

注释:当前资源可能部分或全部源自来源元素所标识的古籍原物或根据古籍原物制成的缩微资源。可采用馆藏信息、典藏址、典藏号进行标识,也可采用符合正式标识体系的字符串标识。

术语类型:元素

示例:

来源:據國家圖書館所藏古籍原物掃描,索書號:09591

7.15 权限

标识符:http://www.nlc.gov.cn/core/elements/rights

名称:rights

出处:Dublin Core Terms:http://purl.org/dc/terms/

标签:权限

定义:资源本身的所有者权利信息或被赋予的权利信息。

注释:一般而言,权限管理元素包括一个对资源的权限管理的声明,或者是对提供这一信息的服务的参照。权限管理一般包括知识产权(IPR)、版权和其他各种的产权。

术语类型:元素

示例:

例1:权限:館内閲覽

例2:权限:××局域網範圍内使用

例3:权限:自由瀏覽

例4:权限:提供複製品閲覽

8 古文献类型核心元素及其修饰词定义

8.1 版本类型

标识符:http://www.nlc.gov.cn/ancientBookCategory/elements/edition

名称:edition

出处:Metadata Object Description Schema:http://www.loc.gov/mods/

标签:版本类型

定义:古籍因制作方式的不同而产生的不同种类名称。

注释:此项著录古籍原物的版本类型及其附加说明。

术语类型:元素

元素修饰词:版印说明

版印说明

标识符:http://www.nlc.gov.cn/ancientBookCategory/terms/editionStatement

名称:edition statement

出处:http://www.nlc.gov.cn/ancientBookCategory/terms/

标签:版印说明

定义:古籍版本类型的附加说明。

注释:此项著录古籍原物印刷的方式、色彩、修版、补版、初印、后印等。

术语类型:元素修饰词

限定:版本类型

示例:

例1:版本类型:刻本
　　版印说明:修版

例2:版本类型:刻本
　　版印说明:朱墨套印

例3:版本类型:影印本
　　版印说明:石版

8.2 载体形态

标识符:http://www.nlc.gov.cn/ancientBookCategory/elements/physicalDescription

名称:physical description

出处:http://www.nlc.gov.cn/ancientBookCategory/elements/

标签:载体形态

定义:古籍载体的物理形态。

注释:此项著录古籍原物的物理形态。

术语类型:元素

元素修饰词:装订方式,数量,图表,尺寸,附件

8.2.1 装订方式

标识符:http://www.nlc.gov.cn/ancientBookCategory/terms/binding

名称:binding

出处:http://www.nlc.gov.cn/ancientBookCategory/terms/

标签:装订方式

定义:将古籍加工为现有物理状态的方法。

注释:此项著录古籍原物的装订方式,如:线装、经折装、卷轴装、蝴蝶装、包背装等。

术语类型:元素修饰词

限定:载体形态

8.2.2 数量

标识符:http://www.nlc.gov.cn/ancientBookCategory/terms/quantity

名称:quantity

出处:http://www.nlc.gov.cn/ancientBookCategory/terms/

标签:数量

定义:古籍的单位计量统计结果。

注释:此项著录古籍原物的数量。量词通常用册、函表述。

术语类型:元素修饰词

限定:载体形态

8.2.3 图表

标识符:http://www.nlc.gov.cn/ancientBookCatergory/terms/chart

名称:chart

出处:http://www.nlc.gov.cn/ancientBookCategory/terms/

标签:图表

定义:对古籍资源内容中图像及表格方面的说明。

注释:此项著录古籍资源中插图、照片、表格等,可著录其具体名称及数量。

术语类型:元素修饰词

限定:载体形态

8.2.4 尺寸

标识符:http://www.nlc.gov.cn/ancientBookCategory/terms/dimension

名称:dimension

出处:http://www.nlc.gov.cn/ancientBookCategory/terms/

标签:尺寸

定义:对古籍物理载体高广大小的测量记录。

注释:此项著录古籍原物载体的高度、宽度尺寸。高度、宽度之间以“×”相连。

术语类型:元素修饰词

限定:载体形态

8.2.5 附件

标识符:http://www.nlc.gov.cn/ancientBookCategory/terms/accompanyingMaterial

名称:accompanying material

出处:http://www.nlc.gov.cn/ancientBookCategory/terms/

标签:附件

定义:古籍主体以外的附加资料或物品。

注释:附件在物理实体上与书籍的主体相分离,装订方式与主体不同。凡在古籍原物中有著录价值的资料或物品,无论是否古籍原有,也无论其内容与古籍主体是否相关,都可以在此项著录。

术语类型:元素修饰词

限定:载体形态

示例:

装订方式:綫裝

数量:4 册(1 函)

尺寸:19.9×12.5cm

附件:佚名墨筆書《濟川作舟楫賦》一紙

8.3 收藏历史

标识符:http://www.nlc.gov.cn/ancientBookCategory/elements/provenance

名称:provenance

出处:Dublin Core Terms:http://purl.org/dc/terms/

标识:收藏历史

定义:古籍的递传源流以及相关的内容。

注释:此项著录古籍原物的收藏沿革和在流传过程中产生的各种特征。

术语类型:元素

元素修饰词:获得方式,题跋印记

8.3.1 获得方式

标识符:http://www.nlc.gov.cn/ancientBookCategory/terms/availability

名称:availability

出处:http://www.nlc.gov.cn/ancientBookCategory/terms/

标签:获得方式

定义:古籍的获得来源、购买价格等。

注释:此项著录古籍原物出处的相关事项。

术语类型:元素修饰词

限定:收藏历史

8.3.2 题跋印记

标识符:http://www.nlc.gov.cn/ancientBookCategory/terms/inscriptionAndSeal

名称:inscription and seal

出处:http://www.nlc.gov.cn/ancientBookCategory/terms/

标签:题跋印记

定义:书写在古籍上的有关本书品评、考订、记事等文字为题跋;古籍收藏者、经眼者等钤印在古籍上的印章、戳记为印记。

注释:此项著录古籍原物上与本书内容及收藏流传有关的题跋或印记。

术语类型:元素修饰词

限定:收藏历史

示例:

例1:获得方式:購自杭州寳貽齋,書價:人民幣5000元。

例2:题跋印记:鈐"葉氏德輝鑑藏""觀古堂"朱印。

8.4 文献保护

标识符:http://www.nlc.gov.cn/ancientBookCategory/elements/ancientBookPreservation

名称:ancient book preservation

出处:http://www.nlc.gov.cn/ancientBookCategory/terms/

标签:文献保护

定义:古文献的保存修复状况以及对其珍贵程度、破损程度所进行的级别认证。

注释:此元素著录古籍原物的文献保护事项,可根据古籍普查的要求著录。

术语类型:元素

元素修饰词:文物级别,破损级别

8.4.1 文物级别

标识符:http://www.nlc.gov.cn/ancientBookCategory/terms/culturalRelicsLevel

名称:cultural relics level

出处:http://www.nlc.gov.cn/ancientBookCategory/terms/

标签:文物级别

定义:被著录古籍根据珍贵程度所划分的级别。

注释:此项著录古籍原物的文物级别。根据中华人民共和国文化行业标准《古籍定级标准》(WH/T 20—2006)选择相应的级别和等次。

术语类型:元素修饰词

限定:文献保护

8.4.2 破损级别

标识符:http://www.nlc.gov.cn/ancientBookCategory/terms/damageLevel

名称:damage level

出处:http://www.nlc.gov.cn/ancientBookCategory/terms/

标签:破损级别

定义:被著录古籍根据破损程度所划分的级别。

注释:此项著录古籍原物的破损级别,依据中华人民共和国文化行业标准《古籍特藏破损定级标准》(WH/T 22—2006)著录。

术语类型:元素修饰词

限定:文献保护

8.5 馆藏信息

标识符:http://www.nlc.gov.cn/ancientBookCategory/elements/location

名称:location

出处:Metadata Object Description Schema: http://www.loc.gov/mods/

标签:馆藏信息

定义:古籍资源物理载体所属机构的信息。

注释:该项著录古籍资源物理载体的收藏机构。为详细著录可使用所属各项元素修饰词。

术语类型:元素

元素修饰词:典藏址,典藏号,其他编号

8.5.1 典藏址

标识符:http://www.nlc.gov.cn/ancientBookCategory/terms/specificLocation

名称:specific location

出处:http://www.nlc.gov.cn/ancientBookCategory/terms/

标签:典藏址

定义:古籍资源物理载体在所属机构中的具体典藏位置。

术语类型:元素修饰词

限定:馆藏信息

示例:

馆藏信息:國家圖書館

典藏址:善本特藏庫

8.5.2 典藏号

标识符:http://www.nlc.gov.cn/ancientBookCategory/terms/callNumber

名称:call number

出处:http://www.nlc.gov.cn/ancientBookCategory/terms/

标签:典藏号

定义:古籍收藏单位为了检索和排架的需要给予每个具有物理载体古籍资源的一个特定号码。

术语类型:元素修饰词

限定:馆藏信息

示例:

典藏号:X/981.283/5544

8.5.3 其他编号

标识符:http://www.nlc.gov.cn/ancientBookCategory/terms/otherCallNumber

名称:other call number

出处:http://www.nlc.gov.cn/ancientBookCategory/terms/

标签:其他编号

定义:古籍收藏单位给予每个具有物理载体的古籍资源除典藏号之外的另一个特定号码。

术语类型:元素修饰词

限定:馆藏信息

示例:

其他编号:登錄號 000385-8

8.6 其他复本信息

标识符:http://www.nlc.gov.cn/ancientBookCategory/elements/copy

名称:copy

出处:http://www.nlc.gov.cn/ancientBookCategory/elements/

标识:其他复本信息

定义:与本记录所著录古籍在内容及版印方面相同的其他藏本的相关信息。

注释:其他复本信息与主记录所描述的古籍藏本在内容和版印上情况基本一致,但可能在装订形式、册函数、开本大小、获得方式、藏章印记、破损与完整情况、典藏地址、典藏号等方面与主记录所描述的古籍藏本有所不同。所以一般应该从载体形态、附注、收藏历史、文献保护、馆藏信息等方面予以反映。

术语类型:元素

示例:

其他复本信息:複本2:13冊(2函);尺寸:25.5×16.2cm;鈐印:“鍾廣”“芷晴”;典藏號:X/088.5/1000.5/C2

其他复本信息:複本3:16冊(2函);尺寸:26.6×16.8cm;獲得方式:張芝聯教授贈書;書首總目提要、原序抄補;末卷尾葉抄補;書前有墨筆識語,署張采田,書眉間有墨筆批語;典藏號:X/088.5/1000.5/C3

参考文献

1. 肖珑,申晓娟. 国家图书馆元数据应用总规则规范汇编. 北京:国家图书馆出版社,2011
2. 专门数字对象描述元数据规范子项目组. 专门元数据规范设计指南(科技部科技基础性工作专项资金重大项目研究成果),2005
3. 专门数字对象描述元数据规范子项目组. 古籍元数据规范(科技部科技基础性工作专项资金重大项目研究成果),2005
4. 中华人民共和国国家质量监督检验检疫总局,中国国家标准化管理委员会. 古籍著录规则(GB/T 3792.7—2008). 北京:中国标准出版社,2008
5. 全国文献工作标准化技术委员会. 文献著录总则(GB 3792.1—83). 北京:中国标准出版社,1983
6. 国家图书馆《中国文献编目规则》修订组. 中国文献编目规则(第二版). 北京:北京图书馆出版社(今国家图书馆出版社),2005
7. 中国国家图书馆编. 汉语文古籍机读目录格式使用手册. 北京:北京图书馆出版社(今国家图书馆出版社),2001
8. 谢琴芳主编. CALIS联机合作编目手册(上册). 北京:北京大学出版社,2000
9. 艾思仁(Soren Edgren)等. 中文善本书机读目录编目规则. Mountain View, California: Research Libraries Group, 2000
10. 北京大学数字图书馆研究所. 北京大学数字图书馆古籍元数据标准,2002
11. 北京大学图书馆古籍编目组. 古籍编目条例//北京大学图书馆编. 北京大学图书馆业务工作规范,2000

第二部分　国家图书馆古籍元数据著录规则

1 范围

本著录规则规定了描述与揭示古籍资源内容和形式特征时所要遵循的具体操作规则。

本著录规则的著录对象为以古籍原物(或根据古籍原物制成的缩微资源)为来源的古籍数字资源,也包含古籍原物及古籍缩微资源。

舆图、拓片、家谱等类型古代文献资源因有另行制定的专门元数据规范,不在本著录规则的对象范围之内。

2 规范性引用文件

GB/T 3792.7—2008 古籍著录规则

WH/T 20—2006 古籍定级标准

WH/T 22—2006 古籍特藏破损定级标准

GC－FJ080116 D004－1－3 国家图书馆元数据应用规范

GC－FJ080116 D004－2－2 国家图书馆元数据核心元素集

GC－FJ080116 D004－2－3 国家图书馆元数据核心元素集著录规则

GC－FJ080116 D004－3－1 国家图书馆专门元数据设计规范

3 术语和定义

3.1 古籍资源

书写或印刷于1912年以前具有中国古典装帧形式的书籍,以及据其原样复制转换而成的数字化图像或缩微胶卷(片)等。

3.2 古籍原物

书写或印刷于1912年以前的具有古典装帧形式的书籍。1912年以后制作的反映中国传统文化并具有中国古典装帧形式的书籍也常常被视同古籍。

3.3 古籍数字资源

对古籍原物进行数字化复制转换后得到的古籍数字化图像。

3.4 古籍缩微资源

对古籍原物进行照相复制而产生的缩微胶卷或缩微胶片。

3.5 元数据

关于信息资源或数据的一种结构化的数据。

3.6 元素

元数据集合中用于定义和描述数据的基本单元,由一组属性描述、定义、标识,并允许值限定。

3.7 修饰词

当元素无法满足对资源对象的精确描述需要时进一步扩展出的术语。修饰词包括两种类型:元素修饰词和编码体系修饰词。

3.8 元素修饰词

对元素的语义进行修饰,提高元素的专指性和精确性。

3.9 编码体系修饰词

用来帮助解析某个术语值的上下文信息或解析规则。其形式包括受控词表、规范表或者解析规则。

3.10 著录规则

根据一定的目的和使用对象,对特定资源的形式和内容特征进行描述与揭示时所需的具体操作规则。

4 著录总则

4.1 著录单位

古籍元数据的著录单位分为两个级别:①以每种古籍原物(或其对应的古籍数字资源、缩微资源)的每个藏本为基本著录单位;②以每种古籍原物的每个版印为基本著录单位。著录时可根据具体情况及需求选取著录单位的级别。

这里所谓的“种”,既包括内容上能够独立存在的一个资源对象,又包括内容上不宜分割的一组资源对象。

4.2 著录用文字、数字及标识符号

古籍著录使用规范的繁体汉字。中国少数民族文字古籍,可参照此规则使用汉字著录。

“题名”元素中的卷数、回数等,“日期”“时空范围”元素中的年号纪年应使用汉文数字;其他如数量、尺寸、价格和公元纪年等数字均用阿拉伯数字著录。

标识符的使用,应依据国家标准《古籍著录规则》(GB/T 3792.7—2008)的相关规定。

4.3 著录信息源

古籍著录的规定信息源是被著录古籍本身。凡取自本规则规定信息源以外的信息,或编目员自拟的著录内容,应在附注项说明著录来源。

4.4 著录项目

需要著录的古籍元数据共有21个元素,部分元素之下又有若干元素修饰词,详见表1。

表1 古籍著录项目列表

元素	元素修饰词	编码体系修饰词
题名		
	并列题名	
	版心题名	
	内封题名	
	书衣题名	
	书根题名	
	卷端题名	
	其他题名	
主要责任者		
	责任者说明	
	责任方式	
其他责任者		
	责任者说明	
	责任方式	
日期		年号纪年 公元纪年
	出版日期	
	印刷日期	

续表

元素	元素修饰词	编码体系修饰词
出版者		
	出版地	
	印刷者	
	印刷地	
版本类型		
	版印说明	
载体形态		
	装订方式	
	数量	
	图表	
	尺寸	
	附件	
附注		
	行款版式	
	相关文献附注	
	缺字附注	
	责任者附注	
	丛编附注	
	子目附注	
	附录	
	提要	
收藏历史		
	获得方式	
	题跋印记	
文献保护		
	文物级别	
	破损级别	
馆藏信息		
	典藏址	
	典藏号	
	其他编号	
相关资源		
	丛编	
	子目	
	合刻书名	
	合抄书名	
	合印书名	
	合装书名	
	合函书名	
	附录	
	书目文献	
		URI

续表

<table>
<tr><th>元素</th><th>元素修饰词</th><th>编码体系修饰词</th></tr>
<tr><td rowspan="3">主题</td><td></td><td></td></tr>
<tr><td></td><td>中国分类主题词表</td></tr>
<tr><td></td><td>四库类名</td></tr>
<tr><td rowspan="5">时空范围</td><td></td><td></td></tr>
<tr><td>地名</td><td></td></tr>
<tr><td rowspan="3">年代</td><td></td></tr>
<tr><td>年号纪年</td></tr>
<tr><td>公元纪年</td></tr>
<tr><td>语种</td><td></td><td></td></tr>
<tr><td>来源</td><td></td><td></td></tr>
<tr><td>权限</td><td></td><td></td></tr>
<tr><td>类型</td><td></td><td></td></tr>
<tr><td rowspan="2">格式</td><td></td><td></td></tr>
<tr><td></td><td>IMT</td></tr>
<tr><td rowspan="2">标识符</td><td></td><td></td></tr>
<tr><td></td><td>URI</td></tr>
<tr><td>其他复本信息</td><td></td><td></td></tr>
</table>

5 著录细则

在著录细则中,以元素和元素修饰词为主线列述著录规则。

本著录规则对元素及元素修饰词的定义项目做了统一的规定,详见表2。

表2 元素和元素修饰词的定义与内容

	项目	项目定义与内容	备注
1	名称	赋予元素或元素修饰词的唯一标记	
2	标签	描述元素或元素修饰词的可读标签	
3	定义	对元素或元素修饰词概念与内涵的说明	
4	注释	对元素或元素修饰词著录时任何注意事项的说明	
5	著录内容	所著录的资源对象,在著录规则中可以有具体、细化的说明	
6	元素修饰词	元素修饰词是对元素的语义进行修饰,提高元素的专指性和精确性的词。若有元素修饰词,给出元素修饰词在本规范中的标签	仅适用于元素

续表

	项目	项目定义与内容	备注
7	编码体系修饰词及其用法	元素或元素修饰词取值依据的各种受控词表和规范标记,或者其形式遵循的特定解析规则。此处不仅要给出编码体系修饰词的名称,最重要的是,应给出编码体系修饰词的具体用法 一个使用某一编码系统表达的值可能会是选自某一受控词表的标志(例如取自一部分类法或一套主题词表的标志)或一串根据规范标记格式化的字符	
8	规范档	说明著录元素或元素修饰词内容时依据的各种规范。其取值可能来自各种受控词表和规范。它可以和编码体系修饰词一致,也可以是适应具体需要而做出的相关规则	
9	必备性	说明元素或元素修饰词是否必须著录。取值有:必备(M)、可选(O)、有则必备(MA)	
10	可重复性	说明元素或元素修饰词是否可以重复著录。取值有:可重复、不可重复	
11	著录说明	对元素或元素修饰词著录时各种规定事项的说明	
12	著录范例	著录元素或元素修饰词的典型实例	

在说明项目中,“名称”“标签”“定义”“必备性”“可重复性”5 个项目为必备,且必须与元数据规范中的相同定义项目的内容保持一致,其他项目为有则必备。

为了叙述的整齐和避免重复,“著录说明”和“著录范例”两个项目放在每个元素及其修饰词的最后,集中进行描述。

5.1 题名

名称:title

标签:题名

定义:古籍资源的名称。

注释:正题名及其说明文字如卷数等著录于此。其他各种题名可作为其修饰词著录。为便于用户采用汉语拼音方式进行检索,除题名说明文字和并列题名外,题名及其元素修饰词可由系统自动生成与每个字相对应的汉语拼音,也可由编目员进行人工修正。

元素修饰词:并列题名,版心题名,内封题名,书衣题名,书根题名,卷端题名,其他题名

必备性:必备(M)

可重复性:可重复

5.1.1　并列题名

名称:parallel title

标签:并列题名

定义:与正题名相对应的另一种语言文字的题名。

注释:汉语拼音题名不视为并列题名。

必备性:有则必备(MA)

可重复性:可重复

5.1.2　版心题名

名称:running title

标签:版心题名

定义:在古籍版心上书写或印制的题名。

必备性:有则必备(MA)

可重复性:可重复

5.1.3　内封题名

名称:title-page title

标签:内封题名

定义:在古籍内封上书写或印制的书名。

注释:内封是古籍内封面的简称,亦称题名页。

必备性:有则必备(MA)

可重复性:可重复

5.1.4　书衣题名

名称:cover title

标签:书衣题名

定义:在古籍书衣上书写或印制的题名。

注释:书衣是古籍的封面包装。书衣题名一般书写或印刷在书衣左上方的书签上,有的书衣题名则直接书写或印刷在书衣的左上方。

必备性:有则必备(MA)

可重复性:可重复

5.1.5　书根题名

名称:book's root title

标签:书根题名

定义:在古籍书根上书写或印制的题名。

注释:书根是书籍下端的切口部分。古籍原物多卧置,为便于检阅,常利用书根书写或加印书名、卷次和册数。

必备性:有则必备(MA)

可重复性:可重复

5.1.6 卷端题名

名称:caption title

标签:卷端题名

定义:书写或印刷于古籍卷端上的题名。

注释:卷端是古籍每卷正文前说明书名、责任者及版刻情况几行文字的所处部位。

必备性:有则必备(MA)

可重复性:可重复

5.1.7 其他题名

名称:other title

标签:其他题名

定义:与正题名等不同的题名。

注释:即不同于正题名、并列题名、版心题名、内封题名、书衣题名、书根题名、卷端题名的题名。

必备性:有则必备(MA)

可重复性:可重复

5.1.8 著录说明

(1)题名首选信息源为正文首卷卷端,其次为其他各卷卷端、各卷卷末、内封、版心、书衣书签、目录、序跋、凡例,以及书中其他部分。丛书著录以总目录为首选信息源。古籍数字资源、缩微资源的题名及修饰词应当依照其所对应的古籍原物相应内容著录。

(2)正题名的著录:

• 题名一般依正文首卷卷端所题著录。正文各卷卷端题名用字、详简、词组次序不同时,一般依最先出现的卷端所题著录,其他各卷卷端所题的不同题名著录在“卷端题名”。

• 卷端题名如带有冠词,如“钦定”“评点”“鼎镌”等,应照录。

• 如果版心、内封、书衣、书根等处所题书名与卷端题名不同,应在以卷端题名为正题名的同时,在其他相应的修饰词下照录各种不同的题名。

• 正文首卷卷端未题题名,或所题题名不能代表全书,应从规定信息源的其他部分如版心、内封、书衣等处选择适当的题名作为正题名著录，并在附注元素注明。

• 规定信息源中均未提供适当的题名，但可由其他资料查考得出，依查考出的题名著录，并在附注元素说明来源。

• 规定信息源中均未提供适当的题名，亦未见著录于其他资料，可根据书中的内容和著者情况拟定题名，并在附注元素注明“题名自拟”。

• 规定信息源中提供的正题名文字过于冗长，且未提供可供检索的有效关键词时，可为其代拟题名，但需在附注项注明原题名。

(3)题名说明文字的著录：

• “题名说明”虽然不是正题名，但却是题名著录内容的一部分，应紧接在正题名之后著录，与正题名之间用冒号“:”间隔。“题名说明”的主要著录内容是卷数，此外还可根据文献内容类型的不同著录相关的时间、地点、人名等。

• 正文以上下、上中下、元亨利贞、天干地支、六艺、成语、诗韵等作为卷次标识时，应统计卷数并转换为汉文数字著录，同时在附注元素说明原来的卷次标识情况。如:正文以上、下分卷，应著录为“二卷”;以上、中、下分卷，应著录为“三卷”;以甲乙丙丁或元亨利贞分卷，应著录为“四卷”。余类推，可在附注元素中说明原书卷数的标识方法。

• 正文题为若干卷，其中全部或部分卷次又分出若干子卷，仍依正文所题卷数著录，不计子卷。如:正文分卷一、卷二、卷三、卷四，而卷三、卷四又各分为上、下两部分，卷数仍以“四卷”著录，子卷情况可在附注元素中予以说明。

• 正文以外的卷首、卷末、补遗、附录、目录等部分连同自身所题的卷数著录于正文卷数之后，其间以逗号“,”分隔。

• 正文分集(编)，再分卷，应按正文所题依次著录。

• 正文分章、节、回等，均以原书所题著录。

• 正文或正文以外部分所题卷数与目录或内封所题卷数不符，目录等处又未注明原因，以正文或正文以外部分所题卷数著录，并在附注元素说明。

• 正文或正文以外部分所题卷数与目录或内封所题卷数不符，目录等处已在有关卷次下注明“待刻”“嗣出”“缺”“未成”等字样，依目录所题卷数著录，并在附注元素说明。

• 残书依全书的卷数著录，实存的卷数和卷次在附注元素说明。如不知原书卷数，则在“题名说明”修饰词中著录残存卷数，并在卷数前加一“存”字，在附注元素著录残存具体卷次。

• 丛书和分丛书的集、编、种数依规定信息源中所题著录。

• 丛书的集、编、种数如已包括在丛书题名之中，则不需在丛书的题名说明中重复著录。

• 地方志、年谱等类型古籍，如题名中没有明确反映出识别该种古籍所必需的年代、地区、人名等内容，可作为题名说明处理，据实著录于卷数之前，置于方括号“[ ]”内，并与卷数之间

用逗号“,”相隔。如:

题名:畿輔通志:[同治],三百卷,首一卷

题名:宋儒龜山楊先生年譜:[楊時],一卷

(4)规定信息源中如有并列题名,应在著录正题名的同时,著录并列题名。对于字库无法输入的非汉语文字,可采用拉丁字母转写的方式著录。

5.1.9 著录范例

例1:题名:資治通鑑:二百九十四卷,附釋文辨誤十二卷

拼音:zi zhi tong jian

内封题名:資治通鑑注

拼音:zi zhi tong jian zhu

例2:题名:清文啓蒙:四卷

拼音:qing wen qi meng

并列题名:cing wen ki meng bithe

卷端题名:滿漢字清文啓蒙

拼音:man han zi qing wen qi meng

并列题名:manju nikan hergen i cing wen ki meng bithe

显示为: 例1:题名:資治通鑑:二百九十四卷,附釋文辨誤十二卷

内封题名:資治通鑑注

例2:题名:清文啟蒙:四卷

并列题名:cing wen ki meng bithe

卷端题名:滿漢字清文啟蒙

并列题名:manju nikan hergen i cing wen ki meng bithe

5.2 主要责任者

名称:creator

标签:主要责任者

定义:对创建古籍负主要责任的实体。

著录内容:古籍主要责任者名称、责任方式,及其所处的时代、国别或身份等责任者说明。

注释:为便于用户采用汉语拼音方式进行检索,主要责任者可由系统自动生成与每个字相对应的汉语拼音,也可由编目员进行人工修正。

元素修饰词:责任者说明,责任方式

必备性:有则必备(MA)

可重复性:可重复

5.2.1 责任者说明

名称:statement of responsibility

标签:责任者说明

定义:责任者的时代、朝代,国别或身份等。

必备性:有则必备(MA)

可重复性:可重复

5.2.2 责任方式

名称:role

标签:责任方式

定义:责任者在古籍内容形成过程中所做的工作。

著录内容:标明责任者与资源之间的关系,例如撰、纂、修、纂修、注、编、辑、译、书、绘等。

必备性:有则必备(MA)

可重复性:可重复

5.2.3 著录说明

(1)个人责任者一般应著录责任者姓名,此外还应著录责任者说明(时代、国别或身份)、责任方式。

(2)本项首选信息源为正文首卷卷端,其次为正文其他各卷卷端、内封、目录、序跋、凡例,以及书中其他部分。丛书著录以总目录为首选信息源。

(3)卷端所题责任者姓名不完整,或以字、号、代称等形式出现,或未题责任者姓名,则应以规定信息源中其他位置所题的责任者姓名著录,同时在"责任者附注"中予以说明。

(4)责任者姓名未见于规定信息源,应从其他资料中考得其姓名著录于"主要责任者""责任方式"和"责任者说明",同时在"责任者附注"中予以说明;责任者姓名无考,则著录规定信息源中记载的责任者字或号或代称,并在"责任者附注"中注明:责任者姓名或名无考。

(5)卷端所题责任者为其姓及字,如果该责任者系以字行,则规定信息源中虽有责任者姓名,仍著录其姓及字,但需在责任者附注予以说明:×××,字××,以字行。

(6)著录相同著作方式的责任者一般不超过2个,超过2个时以第一人著录,其后加"等"字,并用方括号"[ ]"括起来,其他责任者可在附注项说明。

(7)团体责任者需在"责任者说明"中著录其所属朝代,包括民国。

(8)凡中国清代及以前的个人责任者,应在"责任者说明"中著录责任者所在的朝代名称;

跨朝代的责任者,应按惯例著录责任者所处的朝代。

(9)外国责任者,如仅题有汉文译名,应按原题汉文译名著录,在“责任者说明”中著录原书所题之国别名;原书若同时载有其姓名原文,应著录于汉文译名之后,用圆括号“( )”括起;如仅题其姓名原文,则著录其姓名原文。

(10)僧人责任者名称一般按原题法名著录,同时在“责任者说明”中著录其所在朝代名并在其后加一“释”字。

(11)少数民族责任者以原题汉译名著录。

(12)帝王责任者须在“责任者说明”修饰词中著录其朝代名和庙号或谥号,在“主要责任者”中著录其姓名,但元代、清代帝王不必著录其姓氏。

(13)责任方式一般依原题著录,原书未题责任方式时,可参照以下方式选择著录:

撰:著述。

修、纂:常用于集体创作书籍的两种责任方式。

注:对一部书的内容、文字进行解释。

编:将多种著作整理、编排为一种书。

辑:收集他人的著述或零散文字,汇集为一种书。

译:将一种文字翻译成另一种文字。

书:书法作品的创作方式。

绘:图画的创作方式。

篆刻:印章的创作方式。

(14)古籍数字资源、缩微资源的责任者、责任方式应当依照其所对应的古籍原物相应内容著录。

5.2.4　著录范例

例1:主要责任者:江永進

拼音:jiang yong jin

责任者说明:清

责任方式:修

例2:主要责任者:韓愈

拼音:han yu

责任者说明:唐

责任方式:撰

例3:主要责任者:龍公美

拼音:long gong mei

责任者说明:日本

责任方式:撰

例 4:主要责任者:湯若望

拼音:tang ruo wang

责任者说明:泰西

责任方式:撰

显示为: 例 1:主要责任者:(清)江永進修

例 2:主要责任者:(唐)韓愈撰

例 3:主要责任者:(日本)龍公美撰

例 4:主要责任者:(泰西) 湯若望撰

5.3 其他责任者

名称:contributor

标签:其他责任者

定义:对古籍资源的创建有贡献的实体。

注释:为便于用户采用汉语拼音方式进行检索,主要责任者可由系统自动生成与每个字相对应的汉语拼音,也可由编目员进行人工修正。

著录内容:古籍其他责任者名称、责任方式,及其所处的时代、国别或身份等责任者说明。

元素修饰词:责任者说明,责任方式

必备性:有则必备(MA)

可重复性:可重复

5.3.1 责任者说明

名称:statement of responsibility

标签:责任者说明

定义:责任者的时代、朝代、国别或身份等。

必备性:有则必备(MA)

可重复性:可重复

5.3.2 责任方式

名称:role

标签:责任方式

定义:责任者在古籍资源形成过程中所做的工作。

著录内容:标明责任者与资源之间的关系,例如撰、纂、修、纂修、注、编、辑、译、书、绘等。

必备性:有则必备(MA)

可重复性:可重复

5.3.3 著录说明

(1)其他责任者的著录规则与主要责任者一致。

(2)著录地方志时,应以主持编修人为主要责任者,以实际编纂人为其他责任者。地方志的增补、续修本,一般以原本的主持编修人为主要责任者,以增补、续修的主持人为其他责任者。如增补、续修不止一次,一般以原本主修人为主要责任者,以最后一次增补、续修的主持人为其他责任者,其间的增补、续修主持人必要时可于责任者附注说明。

5.3.4 著录范例

例1:其他责任者:秦永清

拼音:qin yong qing

责任者说明:清

责任方式:纂

例2:其他责任者:王世貞

拼音:wang shi zhen

责任者说明:明

责任方式:評點

显示为: 例1:其他责任者:(清)秦永清纂

例2:其他责任者:(明)王世貞評點

5.4 日期

名称:date

标签:日期

定义:与古籍资源本身生命周期中的一个事件相关的时间。

著录内容:此项著录古籍原物书写刻印的年份,如不能详细到年,要求至少著录到朝代。

注释:年号纪年以中国朝代(或日本、朝鲜、越南等国号)、帝王年号、纪年的内容顺序著录,如不能详细到年,要求至少著录到朝代。与年号纪年相对应的公元纪年仅使用阿拉伯数字著录,不使用“公元”“AD”等字样。

元素修饰词:出版日期,印刷日期

编码体系修饰词及其用法:年号纪年,公元纪年

规范档:可参见万国鼎《中国历史纪年表》、郑鹤声《近世中西史日对照表》等。

必备性:有则必备(MA)

可重复性:可重复

5.4.1　出版日期

名称:issued

标签:出版日期

定义:创制或复制古籍资源的日期。

注释:将古籍资源印制或书写出来的时间。

编码体系修饰词及其用法:年号纪年,公元纪年

必备性:有则必备(MA)

可重复性:可重复

5.4.2　印刷日期

名称:printed

标签:印刷日期

定义:将古籍资源印制在纸张等介质上的时间。

注释:此项说明与出版日期不同的印刷古籍资源的时间。著录的印刷日期不应早于出版日期。

编码体系修饰词及其用法:年号纪年,公元纪年

必备性:有则必备(MA)

可重复性:可重复

5.4.3　著录说明

(1)古籍数字资源、缩微资源的日期及其修饰词、编码体系修饰词应当依照其所对应的古籍原物相应内容著录。

(2)本项首选信息源为牌记及全书中有关抄写或刻版印刷的文字记述,其次为抄写或刻版印刷所具有的、可以作为鉴定依据的特征和风格,如印纸、版式、字体、墨色、刻工、讳字等。

(3)书中所题年号纪年未采用数字纪年方式的(如干支纪年、岁星纪年),应换算为相应的数字纪年著录。

(4)书中所题年号纪年未使用规范汉字数字的,应改用规范的汉字数字著录。

(5)凡著录有年号纪年的,必须著录相应的公元纪年。

(6)书中出版或印刷年署为佛历纪年或黄帝纪年的,需转换为年号纪年著录,并在“附注”元素中注明。

(7)1949 年中华人民共和国成立以后出版的线装书,只著录公元纪年。

(8)增刻、补刻、补版、修版等后印的时间,著录在印刷日期中。

5.4.4 著录范例

例 1:出版日期:年号纪年:清光緒三十一年

公元纪年:1905

例 2:出版日期:年号纪年:清康熙二十五年

公元纪年:1686

印刷日期:年号纪年:清嘉慶十九年

公元纪年:1814

例 3:出版日期:公元纪年:2009 年

显示为: 例 1:出版日期:清光緒三十一年(1905)

例 2:出版日期:清康熙二十五年(1686)

印刷日期:清嘉慶十九年(1814)

例 3:出版日期:2009 年

5.5 出版者

名称:publisher

标签:出版者

定义:对创制或复制古籍资源负责任的实体。

著录内容:此项说明古籍资源抄写、刻印及制作的责任者及其地点。

元素修饰词:出版地,印刷者,印刷地

必备性:有则必备(MA)

可重复性:可重复

5.5.1 出版地

名称:place of publication

标签:出版地

定义:创制或复制古籍资源的地点。

注释:出版地名称按规定信息源客观著录。

必备性:有则必备(MA)

可重复性:可重复

5.5.2 印刷者

名称:printer

标签:印刷者

定义:将图文印制在纸张等介质上,批量制作古籍资源复本的机构或个人。

注释:此项说明与出版者不同的印制古籍资源的责任者。

必备性:有则必备(MA)

可重复性:可重复

5.5.3 印刷地

名称:place of printing

标签:印刷地

定义:印刷者使用工具批量制作古籍资源复本的地点。

注释:此项说明与出版地不同的印制古籍资源的地点。

必备性:有则必备(MA)

可重复性:可重复

5.5.4 著录说明

(1)古籍数字资源、缩微资源的出版者、出版地、印刷者、印刷地应当依照其所对应的古籍原物相应内容著录。

(2)本项著录的信息源为牌记及全书中有关抄写或刻版印刷的文字记述。

(3)出版者、出版地均按著录对象原题著录,不予规范。

(4)遇增刻、修版、后印等情况,重复本元素和修饰词,分别著录其责任者、地点名称。

5.5.5 著录范例

例1:出版者:崇文書局
出版地:武昌

例2:出版者:璣衡堂
出版地:上海

例3:出版者:常熟孫氏
印刷者:藤花榭

显示为:
例1:出版者:武昌崇文書局

例2:出版者:上海璣衡堂

例3:出版者:常熟孫氏
印刷者:藤花榭

5.6 版本类型

名称:edition

标签:版本类型

定义:古籍因制作方式的不同而产生的不同种类名称。

著录内容:本项著录古籍原物的版本类型及其附加说明。

元素修饰词:版印说明

必备性:必备(M)

可重复性:可重复

5.6.1　版印说明

名称:edition statement

标签:版印说明

定义:古籍版本类型的附加说明。

注释:本项著录古籍原物印刷的方式、色彩、修版、补版、初印、后印等。

必备性:可选(O)

可重复性:可重复

5.6.2　著录说明

(1)版本类型需依据书中有关的文字记载,结合版本的类别特征进行鉴定后著录。其名称一般为:

• 稿本:责任者手写的或亲笔修改的作品原件,又称手稿本。还有一种誊清稿本,可以是责任者的亲友门生代为誊写的,不一定是责任者亲手所写。此外,有一种为了雕版印刷而书写的手稿,由于未能付刊而得以保存下来,叫做上版稿本,也叫写样待刻稿本。

• 写本:专指宋代以前的历朝各代人写卷与宋代以后主要与皇家相关的各种手写文献,如明清两代编纂缮写的《永乐大典》《四库全书》,历朝的实录、起居注、玉牒,以及私家泥金手写佛经等。

• 抄本:依据某一底本手工抄写而成的版本。

• 影抄本:临摹底本图文原样抄写而成的版本。

• 刻本:雕版印刷而成的版本。

• 影刻本:临摹底本图文原样刻印而成的版本。

• 活字本:用活字排版印刷而成的版本。活字本可依制字材料的不同,分为木活字本、铜活字本、泥活字本等。

• 石印本:清末以来用西方石版印刷方法印成的版本。古籍编目中专指那些非影印的石印本。

• 铅印本:清末以来采用西方铅字印刷方法印成的版本。

• 影印本:用照相制版的方法,将原本图文复制而成的近现代印本。

• 铜版印本:清康熙以来用铜版印刷方法印成的版本。

• 彩印本:采用近现代印刷工艺用彩色印刷而成的版本。

• 钤印本:用若干印章直接加盖在书叶上而形成的以印文为正文内容的版本。

• 晒印本:也称晒蓝本,近现代用与复制工程图纸相同的方法制成的一种古籍复制本。

(2)版印说明,内容可分为以下几种:

• 说明印本印墨的颜色或印制方法:

朱印:用红颜色印刷,多用于初印本。

蓝印:用蓝颜色印刷,多用于初印本。

套印:将不同内容的印版,分别敷以不同颜色的印墨,依次套叠印刷在同一叶面之上。可分别著录为双印、朱墨套印、三色套印、四色套印、五色套印、六色套印等。

彩色套印:将各种大小不一、刻有不同图像的印版,分别敷以不同的色彩叠印在同一叶面上,最后形成一幅完整的画面。多用于中国古代的图画作品。

• 说明刻本的后印情况:

增刻:古籍出版后又增补新的正文内容、雕刻新的书版,并连同原书版一并刷印出版。如同时增补或改动原书附录,修补更换原书残损模糊的版片,仍属增刻。

补刻:古籍出版后又在书前书后增补新的序跋附录等辅文内容、雕刻新的书版,并连同原书版正文内容一并刷印出版。

递刻:欲将古籍刻版刷印,但仅刻成一部分便因故中断,此后若干年中陆续将未完成部分补刻完毕,最后合为一部完整书版刷印出版。

汇印:将不同时间内分别刻成的若干种书的书版合在一起刷印,并给予一个总书名。多见于别集或自著丛书的出版情况。

修补:亦即修版、补版。古籍原书版在存放一段时间后有断烂残损甚至缺失,出版者对原书版断烂残损部分加以剜改修整乃至更换重刻一些书版后刷印出版。

后印:刻好的书版存放较长时间后再进行印刷,字迹、版框有程度不同的磨损,不如原刻原印清晰。

递修:书版刻成后,在一个较长时间内经过多次修版、补版。递修本可著录原刻版和最后一次修补书版的起讫年代。

• 如果版本类型是影印本,版印说明可补充著录如下名称:

珂罗版:即玻璃版,清末以来采用的以照相方法制版,用一种特殊加工的玻璃为印版的平版印刷方法。

石版:清末以来采用的以照相方法制版,以特种石材平面作为印版的一种平版印刷方法。

铜版:以铜版作为印版的一种凹版印刷方法。

胶版:以胶皮作为介质的一种平版印刷方法。

缩印:缩小原书版框尺寸,甚至改变底本的版式行款进行影印。目的是缩小影印本的书型,或在尽量少的印叶上安排印刷更多的图文内容。

电刻油印:利用光电作用,将底本图文忠实扫描转刻到蜡纸上,并在油印机上进行油印的一种文献复制方法。

静电复印:利用静电复印机进行的文献复制法。

• 如果版本类型是拓本,版印说明可根据情况补充著录如下名称:

朱拓:以朱砂为颜料进行拓印。

朱墨拓:以朱砂和黑墨在同一张纸上根据器物表面不同图文内容分别进行拓印。

套拓:用多种颜色在同一张纸上根据器物表面不同图文内容分别进行拓印。

(3)古籍数字资源、缩微资源应著录古籍原物的版本类型及相关修饰词。

5.6.3 著录范例

例1:版本类型:刻本
　　版印说明:修版

例2:版本类型:刻本
　　版印说明:朱墨套印

例3:版本类型:影抄本

例4:版本类型:銅活字本

例5:版本类型:影刻本

例6:版本类型:鉛印本
　　版印说明:第2版

例7:版本类型:石印本

例8:版本类型:影印本
　　版印说明:石版

例9:版本类型:影印本
　　版印说明:珂羅版

例10:版本类型:曬印本

显示为:例1:版本类型:刻本(修版)

例2:版本类型:刻本(朱墨套印)

例3:版本类型:影抄本

例4:版本类型:銅活字本

例5:版本类型:影刻本

例6:版本类型:鉛印本(第2版)

例 7:版本类型:石印本

例 8:版本类型:影印本(石版)

例 9:版本类型:影印本(珂羅版)

例 10:版本类型:曬印本

5.7 载体形态

名称:physical description

标签:载体形态

定义:古籍载体的物理形态。

著录内容:此项著录古籍原物的物理形态。

注释:古籍数字资源、缩微资源存储介质的相关内容应在元素“格式”中说明。

元素修饰词:装订方式,数量,图表,尺寸,附件

必备性:必备(M)

可重复性:可重复

5.7.1 装订方式

名称:binding

标签:装订方式

定义:将古籍加工为现有物理状态的方法。

注释:此项著录古籍原物的装订方式,如:线装、经折装、卷轴装、蝴蝶装、包背装等。

必备性:必备(M)

可重复性:可重复

5.7.2 数量

名称:quantity

标签:数量

定义:古籍的单位计量统计结果。

注释:此项著录古籍原物的数量,量词通常用册、函表述。

- 线装、经折装、蝴蝶装、包背装等书籍著录实有册数。如:3 册。
- 卷轴装书籍著录实有卷数。量词的使用,有轴的可用“轴”字,无轴的可用“捲”字。为了不与表示内容的卷数相混淆,此处不使用“卷”字。
- 单张折叠的书籍著录实有幅数。如:6 幅。
- 散叶的书籍著录实有叶数。如:8 叶。缺叶、增叶情况在附注元素注明。
- 配有函套的书籍在册数后补充说明实有函数,并置于圆括号“( )”中。如:10 册

(2 函)。匣、帙装书籍著录方法相同。

必备性:可选(O)

可重复性:可重复

5.7.3 图表

名称:chart

标签:图表

定义:对古籍资源内容中图像及表格方面的说明。

注释:此项著录古籍资源中的插图、照片、表格等,可著录其具体名称及数量。

- 书中有冠图、插图、附图、彩图、冠像、地图等,均据实扼要著录。
- 题名中已反映书籍中的插图、地图时,可省略。

必备性:可选(O)

可重复性:可重复

5.7.4 尺寸

名称:dimension

标签:尺寸

定义:对古籍物理载体高广大小的测量记录。

注释:此项著录古籍原物载体的高度、宽度尺寸,高度、宽度之间以"×"相连。

必备性:可选(O)

可重复性:可重复

5.7.5 附件

名称:accompanying material

标签:附件

定义:古籍主体以外的附加资料或物品。

注释:附件在物理实体上与书籍的主体相分离,装订方式与主体不同。凡在古籍原物中有著录价值的资料物品,无论是否古籍原有,也无论其内容与古籍主体是否相关,都可以在此项著录。

必备性:可选(O)

可重复性:可重复

5.7.6 著录说明

古籍数字资源、缩微资源应著录古籍原物的载体形态及相关修饰词。

5.7.7 著录范例

装订方式:綫装

数量:4 册(1 函)

尺寸:19.9×12.5cm

附件:佚名墨筆書《濟川作舟楫賦》一紙

显示为:载体形态:綫裝;4 册(1 函);19.9×12.5cm;佚名墨筆題《濟川作舟楫賦》一紙

5.8 附注

名称:description

标签:附注

定义:记录未在其他元素项(含修饰词)著录又有必要补充说明的内容。

注释:此项著录古籍资源内容形式各方面的注释说明。

元素修饰词:行款版式,相关文献附注,缺字附注,责任者附注,丛编附注,子目附注,附录,提要

必备性:可选(O)

可重复性:可重复

5.8.1 行款版式

名称:paragraph format

标签:行款版式

定义:行款是古籍每叶或每半叶的行数和每行的字数;版式是古籍版面的安排方式。

注释:此项著录古籍原物每叶或每半叶的行数和每行的大小字数,以及书口、版框形式、鱼尾及版框尺寸等情况。

必备性:可选(O)

可重复性:可重复

5.8.2 相关文献附注

名称:relation description

标签:相关文献附注

定义:与本资源相关的其他文献的说明。

注释:此项著录古籍版本的底本依据,其翻刻、后刻版本的情况;合刻、合印等情况的说明等。

必备性:可选(O)

可重复性:可重复

5.8.3 缺字附注

名称:missing characters

标签:缺字附注

定义:记录和描述现有字库中缺少的文字等。

注释:描述方法是:在等号" ="左边,用符号"〓"表示缺字;在等号" ="右边方括号"[ ]"内,用规定的形式、符号和文字来描述缺字,并在其后的圆括号"( )"内注明汉语拼音读音。参见国家图书馆编《汉语文古籍机读目录格式使用手册》相关部分。

必备性:可选(O)

可重复性:可重复

5.8.4 责任者附注

名称:creator description

标签:责任者附注

定义:责任者的姓名、字号、生平等方面需要说明的情况。

注释:相同责任者在古籍中使用的名称与责任者项著录的名称出现差异时,可在此项说明。

必备性:可选(O)

可重复性:可重复

5.8.5 丛编附注

名称:series description

标签:丛编附注

定义:对本资源所属丛编的说明。

注释:此处著录没有单独书目记录的丛编事项,如丛编题名、所处丛编内部序列位置等。

必备性:可选(O)

可重复性:可重复

5.8.6 子目附注

名称:table of contents

标签:子目附注

定义:对本资源所包含子目的说明。

著录内容:此处著录没有单独书目记录的丛编子目事项,如子目题名、责任者以及子目序列等。子目题名和子目题名说明(卷数)之间可参考国家标准《古籍著录规则》(GB/T 3792.7—2008)用冒号" :"间隔。

必备性:可选(O)

可重复性:可重复

5.8.7　附录

名称:appendix

标签:附录

定义:古籍正文之后的一些附加性内容,包括附刻。

著录内容:此处著录没有单独书目记录的附录信息。

必备性:可选(O)

可重复性:可重复

5.8.8　提要

名称:abstract

标签:提要

定义:古籍资源内容、形式的要点。

必备性:可选(O)

可重复性:可重复

5.8.9　著录说明

古籍数字资源、缩微资源的附注及修饰词应依照其所对应的古籍原物相应内容著录。

5.8.10　著录范例

例1:附注:题名據版心題名,版刻年據乾隆二十年序

例2:附注:缺卷一至三

例3:行款版式:11行22字,小字雙行同,下黑口,四周雙邊,單魚尾,版框高16.1cm,寬10.3cm

例4:相关文献附注:據康熙十八年刻本影印

例5:缺字附注:〓=[糹(左)+尋(右)](xun)

例6:从编附注:學津討源

例7:子目附注:半螺龕詩存:前編一卷後編一卷;半螺龕試帖存:一卷;半螺龕雜誌:一卷

例8:附录:吏部考功司郎中孫公墓誌銘:[孫宗彝]/(清)錢陸燦編

5.9　收藏历史

名称:provenance

标签:收藏历史

定义:古籍的递传源流以及相关的内容。

注释:此项著录古籍原物的收藏沿革、题跋印记,以及获得方式、购买价格等。

元素修饰词:获得方式,题跋印记

必备性:可选(O)

可重复性:可重复

5.9.1 获得方式

名称:availability

标签:获得方式

定义:古籍的获得来源、购买价格。

注释:此项著录古籍原物出处的相关事项。

必备性:可选(O)

可重复性:可重复

5.9.2 题跋印记

名称:inscription and seal

标签:题跋印记

定义:书写在古籍上的有关本书品评、考订、记事等文字为题跋;古籍收藏者、经眼者等钤印在古籍上的印章、戳记为印记。

注释:此项著录古籍原物上与本书内容及收藏流传有关的题跋或印记。

必备性:可选(O)

可重复性:可重复

5.9.3 著录说明

古籍数字资源、缩微资源应著录所对应的古籍原物的相应内容。

5.9.4 著录范例

例1:获得方式:本書購自杭州寶貽齋,書價:人民幣5000元。

例2:题跋印记:有顧廣圻校語。書後有李盛鐸跋。鈐:"葉氏德輝鑑藏","觀古堂"印。

显示同上。

5.10 文献保护

名称:ancient book preservation

标签:文献保护

定义:古文献的保存修复状况以及对其珍贵程度、破损程度所进行的级别认证。

著录内容:此元素著录古籍原物的文献保护事项,可根据古籍普查的要求著录。

规范档:参见《古籍定级标准》(WH/T 20—2006)、《古籍特藏破损定级标准》(WH/T 22—2006)

必备性:可选(O)

可重复性:可重复

5.10.1 文物级别

名称:cultural relics level

标签:文物级别

定义:被著录古籍根据珍贵程度所划分的级别。

注释:此项著录古籍原物的文物级别,著录时在系统预设的下拉菜单中选择相应的级别和等次。

规范档:参见中华人民共和国文化行业标准《古籍定级标准》(WH/T 20—2006)

必备性:可选(O)

可重复性:可重复

5.10.2 破损级别

名称:damage level

标签:破损级别

定义:被著录古籍根据破损程度所划分的级别。

注释:此项著录古籍原物的破损级别,著录时在系统预设的下拉菜单中选择相应的级别。

规范档:参见中华人民共和国文化行业标准《古籍特藏破损定级标准》(WH/T 22—2006)著录。

必备性:可选(O)

可重复性:可重复

5.10.3 著录说明

古籍数字资源、缩微资源应著录所对应的古籍原物的相应内容。

5.10.4 著录范例

例1:文物级别:一級古籍乙等

例2:破損级别:二級破損

显示同上。

5.11 馆藏信息

名称:location

标签:馆藏信息

定义:古籍资源物理载体所属机构的信息。

著录内容:古籍资源物理载体的馆藏地址、典藏号、其他编号(如登录号)等。

元素修饰词:典藏址,典藏号,其他编号

必备性:有则必备(MA)

可重复性:可重复

5.11.1 典藏址

名称:specific location

标签:典藏址

定义:古籍资源物理载体在所属机构中的具体典藏位置。

必备性:有则必备(MA)

可重复性:可重复

5.11.2 典藏号

名称:call number

标签:典藏号

定义:古籍收藏单位为了检索和排架的需要给予每个具有物理载体的古籍资源一个特定号码。

注释:此项著录古籍资源特定的检索号码。

必备性:可选(O)

可重复性:可重复

5.11.3 其他编号

名称:other call number

标签:其他编号

定义:古籍收藏单位给予每个具有物理载体的古籍资源除典藏号之外的另一个特定号码。

注释:此项著录古籍资源检索号码相关的其他序号。

必备性:可选(O)

可重复性:可重复

5.11.4 著录说明

此项仅限著录具有物理载体(如纸质书、缩微胶卷、光盘等)的古籍资源,通过互联网传递的古籍数字资源一般可缺省著录。

5.11.5 著录范例

例1:馆藏信息:國家圖書館

例 2:典藏址:善本特藏庫

例 3:典藏号:X/810.31/5544

例 4:其他编号:登錄號:000385-8

显示同上。

5.12 相关资源

名称:relation

标签:相关资源

定义:链接与所著录古籍资源相关联的其他资源。

注释:此项著录并链接丛编、子目,有独立检索意义的附录附刻、书目文献,以及古籍原物的合刻书名、合抄书名、合印书名、合装书名、合函书名等。古籍原物与以该原物为底本制作的数字资源及缩微资源可在此元素链接著录。

元素修饰词:丛编,子目,合刻书名,合抄书名,合印书名,合装书名,合函书名,附录,书目文献。

编码体系修饰词及其用法:URI

必备性:可选(O)

可重复性:可重复

5.12.1 丛编

名称:is part of

标签:丛编

定义:在内容和形式,或者典藏方式上具有一定联系,并有独立子目题名和总题名的古籍集合。

注释:此处链接古籍所属的丛编记录。

必备性:可选(O)

可重复性:可重复

5.12.2 子目

名称:has part

标签:子目

定义:组成古籍丛编的单种古籍。

注释:此处链接古籍丛编所属的子目记录。

必备性:可选(O)

可重复性:可重复

5.12.3　合刻书名

名称:engraved with

标签:合刻书名

定义:与著录版本同时刻版或印刷而又装褫在一起的古籍的题名。

注释:此处链接与著录古籍原物合刻的古籍的书目记录。

必备性:可选(O)

可重复性:可重复

5.12.4　合抄书名

名称:transcribed with

标签:合抄书名

定义:与著录版本同时抄写而又装褫在一起的古籍的题名。

注释:此处链接与著录古籍原物合抄的古籍的书目记录。

必备性:可选(O)

可重复性:可重复

5.12.5　合印书名

名称:printed with

标签:合印书名

定义:与著录版本同时印刷而又装褫在一起的古籍的题名。

注释:此处链接与著录古籍原物合印的古籍的书目记录。

必备性:可选(O)

可重复性:可重复

5.12.6　合装书名

名称:bound with

标签:合装书名

定义:与著录版本装褫在一起的古籍的题名。

注释:此处链接与著录古籍原物合装的古籍的书目记录。

必备性:可选(O)

可重复性:可重复

5.12.7　合函书名

名称:same slipcase with

标签:合函书名

定义:与著录版本合装在同一函套中的古籍的题名。

注释:此处链接与著录古籍原物合函的古籍的书目记录。

必备性:可选(O)

可重复性:可重复

5.12.8　附录

名称:relation appendix

标签:附录

定义:古籍正文之后的附加性内容,包括附刻。

注释:此处链接著录古籍附录的书目记录。

必备性:可选(O)

可重复性:可重复

5.12.9　书目文献

名称:is referenced by

标签:书目文献

定义:著录或记载有该古籍资源的目录资料。

注释:此处链接收录有被著录古籍资源的书目文献的书目记录。

必备性:可选(O)

可重复性:可重复

5.12.10　著录说明

该元素及元素修饰词中所著录的内容或为超链接,或为网址。

5.12.11　著录范例

例1:丛编:雅雨堂叢書

例2:子目:李氏易傳

子目:鄭氏周易

子目:周易爻辰圖

……

例3:合刻书名:續古文辭類纂

例4:合函书名:孟東野詩集

例5:附录:曹集疑字音釋

显示同上。

5.13 主题

名称:subject

标签:主题

定义:使用特定词汇对古籍资源内容的归纳描述。

注释:主题词采用自由词标引,也可从受控词表或是规范的分类体系中选取。各主题词之间用逗号“,”间隔。为便于用户采用汉语拼音方式进行检索,主题词及其编码体系修饰词可由系统自动生成与每个字相对应的汉语拼音,也可由编目员进行人工修正。

编码体系修饰词及其用法:中国分类主题词表,四库类名

中国分类主题词表:依据《中国分类主题词表》对古籍资源进行标引的规范主题词。

四库类名:依照中国传统的四部分类法对古籍资源进行标引的类名。

必备性:可选(O)

可重复性:可重复

著录范例

主题:版本目錄,清代

拼音:ban ben mu lu,qing dai

中国分类主题词表:目錄,版本,古籍,中國

拼音:mu lu,ban ben,gu ji,zhong guo

四库类名:史部,目錄類,經籍之屬

拼音:shi bu,mu lu lei,jing ji zhi shu

显示为: 主题:版本目錄,清代

中国分类主题词表:目錄,版本,古籍,中國

四库类名:史部,目錄類,經籍之屬

5.14 时空范围

名称:coverage

标签:时空范围

定义:古籍内容所涉及的地域范围和时间范围。

著录内容:地名和年代。

必备性:可选(O)

可重复性:可重复

5.14.1 地名

名称:spatial

标签:地名

定义:古籍资源内容所涉及的地域范围。

注释:地名著录规范的今地名;如果有相同地名容易混淆,或者地名太小不易辨识等问题,应在其后著录高一级的现行行政区划,并置于圆括号中。

必备性:可选(O)

可重复性:可重复

5.14.2 年代

名称:temporal

标签:年代

定义:古籍资源内容所涉及的时间范围。

著录内容:民国以前(含民国)的文献要分别著录年号纪年和公元纪年。

编码体系修饰词及其用法:年号纪年,公元纪年

年号纪年以中国朝代(或日本、朝鲜、越南等国号)、帝王年号、纪年的内容顺序著录,如不能详细到年,要求至少著录到朝代。

与年号纪年相对应的公元纪年仅使用阿拉伯数字著录,不使用“公元”“AD”等字样。

必备性:可选(O)

可重复性:可重复

5.14.3 著录范例

例1:年代(年号纪年):唐

年代(公元纪年):618 - 907

地名:西安

例2:年代(年号纪年):民國元年至二十一年

年代(公元纪年):1912 - 1932

地名:江陰(江蘇省)

例3:年代(年号纪年):清康熙

年代(公元纪年):1662 - 1722

地名:杭州

显示为: 例1:时空范围:唐(618 - 907);西安

例2:时空范围:民國元年至二十一年(1912 - 1932);江陰(江蘇省)

例3:时空范围:清康熙(1662－1722);杭州

5.15 语种

名称:language

标签:语种

定义:古籍资源内容所使用的语言种类。

著录内容:此项著录古籍内容使用的主体语种,偶尔出现的其他语种不必著录。

必备性:可选(O)

可重复性:可重复

著录范例

例1:语种:漢語

例2:语种:滿語

语种:漢語

例3:语种:藏語

例4:语种:日語

显示同上。

5.16 来源

名称:source

标签:来源

定义:与当前古籍数字资源、缩微资源来源有关的资源。

注释:此项仅限古籍数字资源、缩微资源著录。

必备性:可选(O)

可重复性:可重复

5.16.1 著录说明

当前资源可能部分或全部源自元素所标识的古籍原物或根据古籍原物制成的缩微资源。可采用馆藏信息、典藏址、典藏号进行标识,也可采用符合正式标识体系的字符串标识。

5.16.2 著录范例

来源:據國家圖書館善本特藏库所藏古籍原物掃描,典藏號:09591

显示同上。

5.17 权限

名称:rights

标签:权限

定义:资源本身的所有者权利信息或被赋予的权利信息。

著录内容:包括一个对资源的权限的声明,或者是对提供这一信息的服务参数。

注释:权限信息通常指与资源相关的各种产权声明,包括知识产权。

必备性:有则必备(MA)

可重复性:可重复

著录范例

例 1:权限:館内閱覽

例 2:权限:××局域網範圍内使用

例 3:权限:自由瀏覽

例 4:权限:提供複製品閱覽

显示同上。

5.18 类型

名称:type

标签:类型

定义:根据资源内容形式特征进行的种类划分。

注释:如果要描述数字资源、缩微资源的文件格式、物理媒体或尺寸规格,应在“格式”元素中著录。

必备性:必备(M)

可重复性:可重复

5.18.1 著录说明

此元素应在已设定的受控词表中选取,受控词表中的值可以是上下位关系,如“古籍”“古籍数字资源”。

5.18.2 著录范例

例 1:类型:古籍

例 2:类型:古籍數字資源

显示同上。

5.19 格式

名称:format

标签:格式

定义:古籍数字资源、缩微资源的表现形式。

注释:包括资源的媒体类型或资源的大小,也可以用来标识展示或操作资源所需的软硬件或其他相应设备,例如尺寸规格可以是大小尺寸或持续时间。建议采用受控词表。“格式”元素仅用来描述古籍数字资源、缩微资源,纸本古籍的信息在“载体形态”元素中描述。

规范档:取值可参见科技部“我国数字图书馆标准规范建设”成果《数字资源加工标准规范与操作指南:专门数字资源对象的格式标准》及因特网媒体类型[MIME]定义的计算机媒体格式。

必备性:可选(O)

可重复性:可重复

5.19.1 IMT

名称:IMT

标签:IMT

定义:资源的互联网媒体类型。

著录内容:可依据网站 http://www.iana.org/assignments/media-types/index.html 著录。

必备性:可选(O)

可重复性:可重复

5.19.2 著录说明

此项仅限古籍数字资源、缩微资源著录。

格式取值在两个以上时可采用以下两种著录方法:

(1)综合著录:在同一个“格式”元素中将不同的格式取值罗列在一起,之间用逗号“,”分隔,类型及子类型之间则用正斜杠“/”分隔。

(2)分别著录:多次重复此元素,在每一个重复的“格式”元素中分别著录。

5.19.3 著录范例

例1:格式:image/jpeg,256色,300dpi,233M

例2:格式:image/jpeg,256色,600dpi,656M,vcd,Φ12cm,1張

例3:格式:縮微膠卷

格式:灰度

格式:35mm 负片

格式:1 捲

显示同上。

5.20 标识符

名称:identifier

标签:标识符

定义:古籍数字资源在一定体系下的唯一标识。

编码体系修饰词及其用法:URI

必备性:有则必备(MA)

可重复性:可重复

著录范例

标识符:http://162.105.139.57:8080/SB/810.51/7772.3

显示同上。

5.21 其他复本信息

名称:copy

标签:其他复本信息

定义:与本记录所著录古籍在内容及版印方面相同的其他藏本的相关信息。

注释:其他复本信息与主记录所描述的古籍藏本在内容和版印上情况基本一致,但可能在装订形式、册函数、开本大小、获得方式、藏章印记、破损与完整情况、典藏地址、典藏号等方面与主记录所描述的古籍藏本有所不同。所以一般应该从载体形态、收藏历史、文献保护、馆藏信息等方面予以反映。

必备性:可选(O)

可重复性:可重复

5.21.1 著录说明

此项仅限于古籍原物著录。

可以根据古籍原物复本的各种不同情况采用不同的著录方法。

(1)如果每一个复本的情况都有所不同,可以多次重复此元素,在每一个重复的"其他复本信息"元素中分别以"复本2""复本3"等标目,然后描述该复本在载体形态、收藏历史、文献保护、馆藏信息等方面不同于主记录所描述的古籍藏本的各种情况;如可能导致著录内容归属不明,可以在前面加上导语,如:"文物级别""破损级别""典藏址""典藏号"等。

(2)如果仅个别复本在载体形态、收藏历史、文献保护、馆藏信息等方面情况有所不同,可以不重复此元素,仅在同一个"其他复本信息"元素中首先指出有几个复本,然后分别描述个别复本的相关不同情况。如可能导致著录内容归属不明,可以在前面加上导语,如:"文物级别""破损级别""典藏址""典藏号"等。

(3)如果各个复本在载体形态、收藏历史、文献保护、馆藏信息等各方面情况都与主记录所描述的古籍藏本完全一致,也可以在同一个"其他复本信息"元素中将从复本2开始的所有其他复本集中标识,如"复本2-复本5",之后简略描述"各×册"。

5.21.2 著录范例

例1:其他复本信息:複本2:13冊(2函);尺寸:25.5×16.2cm;鈐印:"鍾廣""芷晴";典藏號:X/088.5/1000.5/C2

例2:其他复本信息:複本3:16冊(2函);尺寸:26.6×16.8cm;獲得方式:張芝聯教授贈書;書首總目提要、原序抄補;末卷尾葉抄補;書前有墨筆識語,署張采田,書眉間有墨筆批語;典藏號:X/088.5/1000.5/C3

显示同上。

参考文献

1. 肖珑,申晓娟. 国家图书馆元数据应用总规则规范汇编. 北京:国家图书馆出版社,2011
2. 专门数字对象描述元数据规范子项目组. 专门数字对象描述元数据规范设计指南(科技部科技基础性工作专项资金重大项目研究成果),2004
3. 专门数字对象描述元数据规范子项目组. 古籍元数据著录规则(科技部科技基础性工作专项资金重大项目研究成果),2005
4. 中华人民共和国国家质量监督检验检疫总局,中国国家标准化管理委员会. 古籍著录规则(GB/T 3792. 7—2008). 北京:中国标准出版社,2008
5. 全国文献工作标准化技术委员会. 文献著录总则(GB3792. 1—83). 北京:中国标准出版社,1983
6. 国家图书馆《中国文献编目规则》修订组. 中国文献编目规则(第二版). 北京:北京图书馆出版社(今国家图书馆出版社),2005
7. 中国国家图书馆编. 汉语文古籍机读目录格式使用手册. 北京:北京图书馆出版社(今国家图书馆出版社),2001
8. 谢琴芳主编. CALIS 联机合作编目手册(上册). 北京:北京大学出版社,2000
9. 艾思仁(Soren Edgren)等. 中文善本书机读目录编目规则. Mountain View, California: Research Libraries Group,2000
10. 北京大学数字图书馆研究所. 北京大学数字图书馆古籍元数据标准,2002
11. 北京大学图书馆古籍编目组. 古籍编目条例//北京大学图书馆编. 北京大学图书馆业务工作规范,2000

第三部分　国家图书馆古籍元数据著录实例

说明：

著录实例的格式系模拟根据《国家数字图书馆古籍元数据著录规则》所实现的“著录系统”的著录界面。为尽量接近实际工作，实例中的文字均采用繁体字。著录实例共50条，分为四个部分：一、古籍数字资源（来源为古籍原物）著录实例36条；二、古籍数字资源（来源为古籍缩微资源）著录实例3条；三、古籍原物著录实例10条；四、古籍缩微资源著录实例1条。所选数据尽量涵盖《国家数字图书馆古籍元数据著录规则》中所涉及的元素、元素修饰词及编码体系修饰词，以充分验证《国家数字图书馆古籍元数据规范》和《国家数字图书馆古籍元数据著录规则》的可行性和可靠性，同时对其实际应用也具有指导意义。

一、古籍数字资源著录实例(来源为古籍原物)

例1　省身指掌:九卷,附錄

元素	元素修饰词	编码体系修饰词	实例
题名			省身指掌:九卷,附錄
			xing shen zhi zhang
	并列题名		Elementary Physiology
	版心题名		
	内封题名		
	书衣题名		
	书根题名		
	卷端题名		
	其他题名		
主要责任者			博恒理(HENRY D. PORTER)
			bo heng li
	责任者说明		美
	责任方式		撰
其他责任者			
	责任者说明		
	责任方式		
日期			
	出版日期	年号纪年	民國二年
		公元纪年	1913
	印刷日期	年号纪年	
		公元纪年	
出版者			美華書館
	出版地		上海
	印刷者		
	印刷地		
版本类型			鉛印本
	版印说明		

续表

元素	元素修饰词	编码体系修饰词	实例
载体形态			
	装订方式		綫裝
	数量		1 冊(1 函)
	图表		
	尺寸		25.9×16.1cm
	附件		
附注			内封正面印“西曆一千九百十三年重刊/省身指掌/中華民國二年歲次癸丑　上海美華書館擺印”。内封背面印英文。
	行款版式		
	相关文献附注		
	缺字附注		
	责任者附注		
	从编附注		
	子目附注		
	附录		INDEX
	提要		
收藏历史			
	获得方式		
	题跋印记		書衣、内封正面鈐:“協和女子大學校博賢齋圖章”朱印。
文献保护			
	文物级别		
	破损级别		
馆藏信息			
	典藏址		
	典藏号		
	其他编号		
相关资源			
	从编		
	子目		
	合刻书名		
	合抄书名		

续表

元素	元素修饰词	编码体系修饰词	实例
	合印书名		
	合装书名		
	合函书名		
	附录		
	书目文献		
主题			醫學,文化交流,清代
			yi xue,wen hua jiao liu,qing dai
		中国分类主题词表	
		四库类名	
时空范围			
	地名		
	年代	年号纪年	
		公元纪年	
语种			漢語
来源			據××圖書館古籍特藏庫所藏古籍原物掃描,原物典藏號:X/590/9116.1。
权限			××局域網範圍内使用
类型			古籍數字資源
格式			image/jpeg,256 色,300dpi,14M
标识符			http://162.105.139.57:8080/X/590/9116.1
其他复本信息			

例 2　清文啟蒙:四卷

元素	元素修饰词	编码体系修饰词	实例
题名			清文啟蒙:四卷
			qing wen qi meng
	并列题名		cing wen ki meng bithe
	版心题名		
	内封题名		
	书衣题名		
	书根题名		

续表

元素	元素修饰词	编码体系修饰词	实例
	卷端题名		滿漢字清文啟蒙
			man han zi qing wen qi meng
	并列题名		manju nikan hergen i cing wen ki meng bithe
	其他题名		
主要责任者			舞格
			wu ge
	责任者说明		清
	责任方式		撰
其他责任者			
	责任者说明		
	责任方式		
日期			
	出版日期	年号纪年	清雍正八年
		公元纪年	1730
	印刷日期	年号纪年	
		公元纪年	
出版者			程明遠作忠堂
	出版地		
	印刷者		
	印刷地		
版本类型			刻本
	版印说明		
载体形态			
	装订方式		綫裝
	数量		4 冊(1 函)
	图表		
	尺寸		26. 3 ×16. 5cm
	附件		
附注			書名據内封面題名。内封面鎸:"清文啟蒙/三槐堂梓行/cing wen ki meng bithe"。
	行款版式		6 行,無直格,白口,單魚尾,四周雙邊,框高 20. 8cm,寬 14. 5cm。

续表

<table>
<tr><th>元素</th><th>元素修饰词</th><th>编码体系修饰词</th><th>实例</th></tr>
<tr><td rowspan="7"></td><td>相关文献附注</td><td></td><td></td></tr>
<tr><td>缺字附注</td><td></td><td></td></tr>
<tr><td>责任者附注</td><td></td><td></td></tr>
<tr><td>从编附注</td><td></td><td></td></tr>
<tr><td>子目附注</td><td></td><td></td></tr>
<tr><td>附录</td><td></td><td></td></tr>
<tr><td>提要</td><td></td><td></td></tr>
<tr><td rowspan="3">收藏历史</td><td></td><td></td><td></td></tr>
<tr><td>获得方式</td><td></td><td></td></tr>
<tr><td>题跋印记</td><td></td><td>書衣鈐印:“陳清華”。</td></tr>
<tr><td rowspan="3">文献保护</td><td></td><td></td><td></td></tr>
<tr><td>文物级别</td><td></td><td></td></tr>
<tr><td>破损级别</td><td></td><td></td></tr>
<tr><td rowspan="4">馆藏信息</td><td></td><td></td><td></td></tr>
<tr><td>典藏址</td><td></td><td></td></tr>
<tr><td>典藏号</td><td></td><td></td></tr>
<tr><td>其他编号</td><td></td><td></td></tr>
<tr><td rowspan="10">相关资源</td><td></td><td></td><td></td></tr>
<tr><td>从编</td><td></td><td></td></tr>
<tr><td>子目</td><td></td><td></td></tr>
<tr><td>合刻书名</td><td></td><td></td></tr>
<tr><td>合抄书名</td><td></td><td></td></tr>
<tr><td>合印书名</td><td></td><td></td></tr>
<tr><td>合装书名</td><td></td><td></td></tr>
<tr><td>合函书名</td><td></td><td></td></tr>
<tr><td>附录</td><td></td><td></td></tr>
<tr><td>书目文献</td><td></td><td></td></tr>
<tr><td rowspan="4">主题</td><td rowspan="4"></td><td></td><td>語法,滿語,清代</td></tr>
<tr><td></td><td>yu fa,man yu,qing dai</td></tr>
<tr><td>中国分类主题词表</td><td></td></tr>
<tr><td>四库类名</td><td></td></tr>
</table>

续表

元素	元素修饰词	编码体系修饰词	实例
时空范围	地名		
	年代	年号纪年	
		公元纪年	
语种			漢語
语种			滿語
来源			據××圖書館古籍特藏庫所藏古籍原物掃描,原物典藏號:X/419.1/8047.2。
权限			××局域網範圍内使用
类型			古籍數字資源
格式			image/jpeg,256 色,300dpi,56M
标识符			http://162.105.139.57:8080/X/419.1/8047.2
其他复本信息			

例 3　三國志通俗演義:二十四卷,附一卷

元素	元素修饰词	编码体系修饰词	实例
题名			三國志通俗演義:二十四卷,附一卷
			san guo zhi tong su yan yi
	并列题名		
	版心题名		三國志
			san guo zhi
	内封题名		
	书衣题名		明弘治本三國志通俗演義
			ming hong zhi ben san guo zhi tong su yan yi
	书根题名		
	卷端题名		
	其他题名		
主要责任者			羅貫中
			luo guan zhong
	责任者说明		明
	责任方式		編次

续表

元素	元素修饰词	编码体系修饰词	实例
其他责任者			
	责任者说明		
	责任方式		
日期			
	出版日期	年号纪年	民國十八年
		公元纪年	1929
	印刷日期	年号纪年	
		公元纪年	
出版者			涵芬樓
	出版地		上海
	印刷者		
	印刷地		
版本类型			影印本
	版印说明		
载体形态			
	装订方式		綫裝
	数量		24 册(2 函)
	图表		
	尺寸		22.3×15.1cm
	附件		
附注			内封背面印:“己巳中秋上海涵芬樓據明弘治本景印遠近翻刻必究”。
	行款版式		
	相关文献附注		
	缺字附注		
	责任者附注		
	从编附注		
	子目附注		
	附录		卷首附:三國志宗僚一卷
	提要		
收藏历史			
	获得方式		
	题跋印记		書衣鈐印:“陳清華”。

续表

元素	元素修饰词	编码体系修饰词	实例
文献保护			
	文物级别		
	破损级别		
馆藏信息			
	典藏址		
	典藏号		
	其他编号		
相关资源			
	从编		
	子目		
	合刻书名		
	合抄书名		
	合印书名		
	合装书名		
	合函书名		
	附录		
	书目文献		
主题			歷史演義,通俗小説,中國古代
			li shi yan yi,tong su xiao shuo,zhong guo gu dai
		中国分类主题词表	
		四库类名	
时空范围			
	地名		
	年代	年号纪年	
		公元纪年	
语种			漢語
来源			據××圖書館古籍特藏庫所藏古籍原物掃描,原物典藏號:X/813.3123/6050.5。
权限			××局域網範圍内使用
类型			古籍數字資源
格式			image/jpeg,256 色,300dpi,335M
标识符			http://162.105.139.57:8080/X/813.3123/6050.5
其他复本信息			

例 4　歐陽文忠公全集:一百五十三卷,附錄五卷

元素	元素修饰词	编码体系修饰词	实例
题名			歐陽文忠公全集:一百五十三卷,附錄五卷
			ou yang wen zhong gong quan ji
	并列题名		
	版心题名		
	内封题名		廬陵歐陽文忠公全集
			lu ling ou yang wen zhong gong quan ji
	书衣题名		
	书根题名		
	卷端题名		
	其他题名		
主要责任者			歐陽修
			ou yang xiu
	责任者说明		宋
	责任方式		撰
其他责任者			
	责任者说明		
	责任方式		
日期			
	出版日期	年号纪年	清乾隆十一年
		公元纪年	1746
	印刷日期	年号纪年	
		公元纪年	
日期			
	出版日期	年号纪年	清乾隆二十四年
		公元纪年	1759
	印刷日期	年号纪年	
		公元纪年	
出版者			歐陽安世
	出版地		
	印刷者		
	印刷地		
版本类型			刻本
	版印说明		補刻

续表

元素	元素修饰词	编码体系修饰词	实例
载体形态			
	装订方式		綫裝
	数量		40 冊(4 函)
	图表		
	尺寸		27.4×16.7cm
	附件		
附注			正題名據總目題名。內封鎸"乾隆丙寅重鐫/唐書并五代史另刊/廬陵歐陽文/忠公全集/孝思堂藏板"。卷首有補刻乾隆二十四年御製詩。卷尾有乾隆十一年歐陽安世刻書跋。
	行款版式		9 行 20 字,小字雙行同,白口,單黑魚尾,左右雙邊,版框高 22cm,寬 16.8cm。
	相关文献附注		
	缺字附注		
	责任者附注		
	丛编附注		
	子目附注		居士集:五十卷;外集:二十五卷;易童子問:三卷;外制集:三卷;内制集:八卷;表奏書啓四六集:七卷;奏議:十八卷;雜著述:十九卷;集古錄跋尾:十卷;書簡:十卷;附錄:五卷;卷首含:廬陵歐陽文忠公年譜。
	附录		
	提要		
收藏历史			
	获得方式		
	题跋印记		
文献保护			
	文物级别		三級古籍乙等
	破损级别		
馆藏信息			
	典藏址		
	典藏号		
	其他编号		

续表

元素	元素修饰词	编码体系修饰词	实例
相关资源			
	从编		
	子目		
	合刻书名		
	合抄书名		
	合印书名		
	合装书名		
	合函书名		
	附录		
	书目文献		
主题			歐陽修,別集,宋代
			ou yang xiu,bie ji,song dai
		中国分类主题词表	
		四库类名	集部,別集類
			ji bu,bie ji lei
时空范围			
	地名		
	年代	年号纪年	
		公元纪年	
语种			漢語
来源			據××圖書館古籍特藏庫所藏古籍原物掃描,原物典藏號:SB/810.51/7772.3。
权限			××局域網範圍内使用
类型			古籍數字資源
格式			image/jpeg,256色,300dpi,566M
标识符			http://162.105.139.57:8080/SB/810.51/7772.3
其他复本信息			

例 5　芙蓉山館桐華吟館詩詞合稿:四種

元素	元素修饰词	编码体系修饰词	实例
题名			芙蓉山館桐華吟館詩詞合稿:四種
			fu rong shan guan tong hua yin guan shi ci he gao
	并列题名		
	版心题名		
	内封题名		
	书衣题名		
	书根题名		
	卷端题名		
	其他题名		
主要责任者			石渠
			shi qu
	责任者说明		清
	责任方式		選
其他责任者			
	责任者说明		
	责任方式		
日期			
	出版日期	年号纪年	清乾隆五十七年
		公元纪年	1792
	印刷日期	年号纪年	
		公元纪年	
出版者			石渠
	出版地		
	印刷者		
	印刷地		
版本类型			刻本
	版印说明		
载体形态			
	装订方式		綫裝
	数量		4 冊(1 函)
	图表		
	尺寸		24 × 15. 5cm
	附件		

续表

元素	元素修饰词	编码体系修饰词	实例
附注			正题名據吴鎮序擬。版刻年據石渠序及桐華吟館詩稿内封。
	行款版式		10行21字,小字雙行同,白口,單黑魚尾,左右雙邊,版框高17.7cm,寬12.9cm。
	相关文献附注		
	缺字附注		
	责任者附注		
	从编附注		
	子目附注		
	附录		
	提要		
收藏历史			
	获得方式		
	题跋印记		卷端鈐"許氏星臺藏書"朱印。
文献保护			
	文物级别		三級古籍乙等
	破损级别		
馆藏信息			
	典藏址		
	典藏号		
	其他编号		
相关资源			
	从编		
	子目		芙蓉山館詩稿:六卷
	子目		芙蓉山館詞稿:二卷
	子目		桐華吟館詩稿:六卷
	子目		桐華吟館詞稿:二卷
	合刻书名		
	合抄书名		
	合印书名		
	合装书名		
	合函书名		
	附录		
	书目文献		

续表

元素	元素修饰词	编码体系修饰词	实例
主题			詩集,詞集,別集,清代
			shi ji,ci ji,bie ji,qing dai
		中国分类主题词表	
		四库类名	集部,總集類
			ji bu,zong ji lei
时空范围			
	地名		
	年代	年号纪年	
		公元纪年	
语种			漢語
来源			據××圖書館古籍特藏庫所藏古籍原物掃描,原物典藏號:SB/810.087/1031。
权限			××局域網範圍内使用
类型			古籍數字資源
格式			image/jpeg,256 色,300dpi,61M
标识符			http://162.105.139.57:8080/SB/810.087/1031
其他复本信息			

例 6　香屑集:十八卷,卷首一卷,卷末一卷

元素	元素修饰词	编码体系修饰词	实例
题名			香屑集:十八卷,卷首一卷,卷末一卷
			xiang xie ji
	并列题名		
	版心题名		
	内封题名		重訂香屑集箋註
			chong ding xiang xie ji jian zhu
	书衣题名		
	书根题名		
	卷端题名		
	其他题名		

续表

元素	元素修饰词	编码体系修饰词	实例
主要责任者			黃之雋
			huang zhi jun
	责任者说明		清
	责任方式		集唐
其他责任者			陳邦直
			chen bang zhi
	责任者说明		清
	责任方式		校注
日期			
	出版日期	年号纪年	清同治十年
		公元纪年	1871
	印刷日期	年号纪年	
		公元纪年	
出版者			近文堂
	出版地		
	印刷者		
	印刷地		
版本类型			刻本
	版印说明		
载体形态			
	装订方式		綫裝
	数量		4 册(1 函)
	图表		
	尺寸		21.7×13.5cm
	附件		
附注			内封上横鎸“同治辛未重鎸”,内封鎸“〓堂集唐/重訂香屑集箋註/近文堂藏板”。
	行款版式		
	相关文献附注		
	缺字附注		〓=[广(上)吾](wu)
	责任者附注		黃之雋,字石牧,號〓堂;陳邦直,字古愚。
	从编附注		
	子目附注		
	附录		
	提要		

续表

元素	元素修饰词	编码体系修饰词	实例
收藏历史			
	获得方式		
	题跋印记		
文献保护			2009 年 6 月定為三級破損,2009 年 11 月修復。
	文物级别		四級古籍
	破损级别		
馆藏信息			
	典藏址		
	典藏号		
	其他编号		
相关资源			
	丛编		
	子目		
	合刻书名		
	合抄书名		
	合印书名		
	合装书名		
	合函书名		
	附录		
	书目文献		
主题			唐詩,詩集,别集,注釋,清代
			tang shi,shi ji,bie ji,zhu shi,qing dai
		中国分类主题词表	
		四库类名	集部,别集類
			ji bu,bie ji lei
时空范围			
	地名		
	年代	年号纪年	
		公元纪年	
语种			漢語
来源			據××圖書館古籍特藏庫所藏古籍原物掃描,原物典藏號:X/811.172/4409。
权限			××局域網範圍内使用

续表

元素	元素修饰词	编码体系修饰词	实例
类型			古籍数字資源
格式			image/jpeg,256 色,300dpi,169M
标识符			http://162.105.139.57:8080/X/811.172/4409
其他复本信息			

例 7　撫州府志:[光緒],八十六卷,卷首一卷

元素	元素修饰词	编码体系修饰词	实例
题名			撫州府志:[光緒],八十六卷,卷首一卷
			fu zhou fu zhi
	并列题名		
	版心题名		
	内封题名		
	书衣题名		
	书根题名		
	卷端题名		
	其他题名		
主要责任者			朱澄瀾
			zhu cheng lan
	责任者说明		清
	责任方式		修
其他责任者			謝煌
			xie huang
	责任者说明		清
	责任方式		纂
日期			
	出版日期	年号纪年	清光緒二年
		公元纪年	1876
	印刷日期	年号纪年	
		公元纪年	
出版者			撫州府署
	出版地		撫州府
	印刷者		
	印刷地		

续表

元素	元素修饰词	编码体系修饰词	实例
版本			刻本
类型	版印说明		
载体形态			
	装订方式		綫裝
	数量		40 冊(5 函)
	图表		圖
	尺寸		25.2×15.3cm
	附件		
附注			内封面鐫:“光緒丙子重修”。
	行款版式		
	相关文献附注		
	缺字附注		
	责任者附注		
	从编附注		
	子目附注		
	附录		
	提要		
收藏历史			
	获得方式		
	题跋印记		鈐印:“北平孔德學校之章”。
文献保护			
	文物级别		
	破损级别		
馆藏信息			
	典藏址		
	典藏号		
	其他编号		
相关资源			
	从编		
	子目		
	合刻书名		
	合抄书名		
	合印书名		

续表

元素	元素修饰词	编码体系修饰词	实例
	合装书名		
	合函书名		
	附录		
	书目文献		
主题			地方志,撫州府,江西省
			di fang zhi,fu zhou fu,jiang xi sheng
		中国分类主题词表	
		四库类名	史部,地理類,方志
			shi bu,di li lei,fang zhi
时空范围			
	地名		
	年代	年号纪年	
		公元纪年	
语种			漢語
来源			據××圖書館古籍特藏庫所藏古籍原物掃描,原物典藏號:X/981.75/2533。
权限			××局域網範圍内使用
类型			古籍數字資源
格式			image/jpeg,256 色,300dpi,515M
标识符			http://162.105.139.57:8080/X/981.75/2533
其他复本信息			

例 8　毛主席詩詞三十七首

元素	元素修饰词	编码体系修饰词	实例
题名			毛主席詩詞三十七首
			mao zhu xi shi ci san shi qi shou
	并列题名		
	版心题名		
	内封题名		
	书衣题名		
	书根题名		
	卷端题名		
	其他题名		

续表

元素	元素修饰词	编码体系修饰词	实例
主要责任者			毛澤東
			mao ze dong
	责任者说明		
	责任方式		撰
其他责任者			文物出版社
			wen wu chu ban she
	责任者说明		
	责任方式		编注
日期			
	出版日期	年号纪年	
		公元纪年	1963 年
	印刷日期	年号纪年	
		公元纪年	
出版者			文物出版社
	出版地		北京
	印刷者		
	印刷地		
版本类型			排印本
	版印说明		
载体形态			
	装订方式		綫裝
	数量		1 册(1 函)
	图表		
	尺寸		24.7×15.1cm
	附件		
附注			書後印:“一九六三年十二月文物出版社出版”。
	行款版式		
	相关文献附注		
	缺字附注		
	责任者附注		
	从编附注		
	子目附注		
	附录		
	提要		

续表

元素	元素修饰词	编码体系修饰词	实例
收藏历史			
	获得方式		錢端升贈書
	题跋印记		
文献保护			
	文物级别		
	破损级别		
馆藏信息			
	典藏址		
	典藏号		
	其他编号		
相关资源			
	丛编		
	子目		
	合刻书名		
	合抄书名		
	合印书名		
	合装书名		
	合函书名		
	附录		
	书目文献		
主题			詩詞,文学,毛泽东
			shi ci,wen xue,mao ze dong
		中国分类主题词表	
		四库类名	
时空范围			
	地名		
	年代	年号纪年	
		公元纪年	
语种			漢語
来源			據××圖書館古籍特藏庫所藏古籍原物掃描,原物典藏號:X/811.09/2035a1。
权限			××局域網範圍内使用
类型			古籍數字資源

续表

元素	元素修饰词	编码体系修饰词	实例
格式			image/jpeg,256 色,300dpi,12M
标识符			http://162.105.139.57:8080/X/811.09/2035a1
其他复本信息			

例 9　薆園叢書:九種

元素	元素修饰词	编码体系修饰词	实例
题名			薆園叢書:九種
			ai yuan cong shu
	并列题名		
	版心题名		
	内封题名		
	书衣题名		
	书根题名		
	卷端题名		
	其他题名		
主要责任者			張慎儀
			zhang shen yi
	责任者说明		
	责任方式		撰
其他责任者			
	责任者说明		
	责任方式		
日期			
	出版日期	年号纪年	民國八年
		公元纪年	1919
	印刷日期	年号纪年	
		公元纪年	
出版者			茹古書局
	出版地		成都
	印刷者		
	印刷地		

元素	元素修饰词	编码体系修饰词	实例
版本类型			刻本
	版印说明		
载体形态			
	装订方式		綫裝
	数量		14 冊(1 函)
	图表		
	尺寸		26. 4 × 16. 5cm
	附件		
附注			内封有“成都茹古書局印行”戳印。
	行款版式		
	相关文献附注		
	缺字附注		
	责任者附注		張慎儀,字淑威。
	从编附注		
	子目附注		
	附录		
	提要		
收藏历史			
	获得方式		
	题跋印记		鈐“北京古學院藏書”印。
文献保护			
	文物级别		
	破损级别		
馆藏信息			
	典藏址		
	典藏号		
	其他编号		
相关资源			
	从编		
	子目		詩經異文補釋:十六卷
	子目		續方言新校補:二卷
	子目		方言別錄:四卷
	子目		蜀方言:二卷

续表

元素	元素修饰词	编码体系修饰词	实例
	子目		廣釋親:一卷,附錄一卷
	子目		憩叟摭筆:四卷
	子目		今悔庵詩:一卷,補錄一卷
	子目		今悔庵文:一卷
	子目		今悔庵詞:一卷
	合刻书名		
	合抄书名		
	合印书名		
	合装书名		
	合函书名		
	附录		
	书目文献		
主题			自著叢書,小學,詩文,清代
			zi zhu cong shu, xiao xue,shi wen,qing dai
		中国分类主题词表	
		四库类名	類叢部,叢書類,自著之屬
			lei cong bu,cong shu lei,zi zhu zhi shu
时空范围			
	地名		
	年代	年号纪年	
		公元纪年	
语种			漢語
来源			據××圖書館古籍特藏庫所藏古籍原物掃描,原物典藏號:X/081.58/1192。
权限			××局域網範圍内使用
类型			古籍數字資源
格式			image/jpeg,256色,300dpi,156M
标识符			http://162.105.139.57:8080/X/081.58/1192
其他复本信息			

例 10　廣韻:五卷

元素	元素修饰词	编码体系修饰词	实例
题名			廣韻:五卷
			guang yun
	并列题名		
	版心题名		
	内封题名		
	书衣题名		
	书根题名		
	卷端题名		
	其他题名		
主要责任者			
	责任者说明		
	责任方式		
其他责任者			
	责任者说明		
	责任方式		
日期			
	出版日期	年号纪年	清同治十二年
		公元纪年	1873
	印刷日期	年号纪年	
		公元纪年	
出版者			粤東書局
	出版地		廣州
	印刷者		
	印刷地		
版本类型			刻本
	版印说明		
载体形态			
	装订方式		綫裝
	数量		4 册(合 1 函)
	图表		
	尺寸		26.5×16.5cm
	附件		

续表

元素	元素修饰词	编码体系修饰词	实例
附注			此本即四庫著錄之原本廣韻。卷首有唐孫愐唐韻序。卷端下小字鎸“小學彙函之十四”。書後鎸“粤東省城内西湖街富文齋承刊印發兑”。
	行款版式		
	相关文献附注		
	缺字附注		
	责任者附注		
	丛编附注		古經解彙函之小學彙函
	子目附注		
	附录		
	提要		
收藏历史			
	获得方式		
	题跋印记		
文献保护			
	文物级别		
	破损级别		
馆藏信息			
	典藏址		
	典藏号		
	其他编号		
相关资源			
	丛编		
	子目		
	合刻书名		
	合抄书名		
	合印书名		
	合装书名		
	合函书名		
	附录		
	书目文献		

续表

元素	元素修饰词	编码体系修饰词	实例
主题			廣韻,音韻,字典,唐代
			guang yun,yin yun,zi dian,tang dai
		中国分类主题词表	
		四库类名	經部,小學類,韻書之屬
			jing bu,xiao xue lei,yun shu zhi shu
时空范围			
	地名		
	年代	年号纪年	
		公元纪年	
语种			漢語
来源			據××圖書館古籍特藏庫所藏古籍原物掃描,原物典藏號:X/414.5/0206。
权限			××局域網範圍内使用
类型			古籍數字資源
格式			image/jpeg,256色,300dpi,64M
标识符			http://162.105.139.57:8080/X/414.5/0206
其他复本信息			

例 11 龔定菴别集詩詞定本

元素	元素修饰词	编码体系修饰词	实例
题名			龔定菴别集詩詞定本
			gong ding an bie ji shi ci ding ben
	并列题名		
	版心题名		
	内封题名		
	书衣题名		
	书根题名		
	卷端题名		
	其他题名		

续表

元素	元素修饰词	编码体系修饰词	实例
主要责任者			龔自珍
			gong zi zhen
	责任者说明		清
	责任方式		撰
其他责任者			
	责任者说明		
	责任方式		
日期			
	出版日期	年号纪年	清宣統二年
		公元纪年	1910
	印刷日期	年号纪年	
		公元纪年	
出版者			神州國光社
	出版地		上海
	印刷者		
	印刷地		
版本类型			鉛印本
	版印说明		
载体形态			
	装订方式		綫装
	数量		2 册(1 函)
	图表		
	尺寸		26×16.1cm
	附件		
附注			書名據内封面題名。内封背面牌記印:“宣統庚戌順德鄧氏依魏默深龔孝拱手定原本校鐫”。版心下正面印:“風雨樓”。
	行款版式		
	相关文献附注		
	缺字附注		
	责任者附注		龔自珍,字瑟人,號定庵。
	从编附注		

续表

元素	元素修饰词	编码体系修饰词	实例
	子目附注		
	附录		附:定庵集外未刻詩/(清)鄧實錄;定庵集外未刻/(清)鄧實錄
	提要		
收藏历史			
	获得方式		
	题跋印记		
文献保护			
	文物级别		
	破损级别		
馆藏信息			
	典藏址		
	典藏号		
	其他编号		
相关资源			
	丛编		
	子目		龔定盦别集
	子目		定盦詩集定本:二卷
	子目		定盦詞定本:一卷
	合刻书名		
	合抄书名		
	合印书名		
	合装书名		
	合函书名		
	附录		
	书目文献		
主题			龔自珍,文集,詩詞,别集,清代
			gong zi zhen,wen ji,shi ci,bie ji,qing dai
		中国分类主题词表	
		四库类名	
时空范围			
	地名		
	年代	年号纪年	
		公元纪年	

续表

元素	元素修饰词	编码体系修饰词	实例
语种			漢語
来源			據××圖書館古籍特藏庫所藏古籍原物掃描,原物典藏號:X/810.78/0121b/C3。
权限			××局域網範圍内使用
类型			古籍數字資源
格式			image/jpeg,256 色,300dpi,30M
标识符			http://162.105.139.57:8080/X/810.78/0121b/C3
其他复本信息			

例 12　史記:一百三十卷,附二種

元素	元素修饰词	编码体系修饰词	实例
题名			史記:一百三十卷,附二種
			shi ji
	并列题名		
	版心题名		
	内封题名		王本史記
			wang ben shi ji
	书衣题名		仿刊王本史記
			fang kan wang ben shi ji
	书根题名		
	卷端题名		
	其他题名		
主要责任者			司馬遷
			si ma qian
	责任者说明		漢
	责任方式		撰
其他责任者			裴駰
			pei yin
	责任者说明		唐
	责任方式		集解

续表

元素	元素修饰词	编码体系修饰词	实例
其他责任者			司馬貞
			si ma zhen
	责任者说明		唐
	责任方式		索隱
其他责任者			張守節
			zhang shou jie
	责任者说明		唐
	责任方式		正義
日期			
	出版日期	年号纪年	清同治九年
		公元纪年	1870
	印刷日期	年号纪年	
		公元纪年	
出版者			崇文書局
	出版地		湖北
	印刷者		
	印刷地		
版本类型			刻本
	版印说明		
载体形态			
	装订方式		綫裝
	数量		24 冊(4 函)
	图表		
	尺寸		27×16.7cm
	附件		
附注			内封背面鎸"同治九年楚北崇文書局重彫"。目錄末葉書牌鎸"震澤王氏刻梓"。每卷末鎸正文注文字數。
	行款版式		
	相关文献附注		
	缺字附注		
	责任者附注		
	从编附注		

续表

元素	元素修饰词	编码体系修饰词	实例
	子目附注		
	附录		卷首附:史記正義論例謚法解/(唐)張守節撰;補史記/(唐)司馬貞撰并注
	提要		
收藏历史			
	获得方式		
	题跋印记		每冊首葉鈐“北平中法大學藏書”朱印。補史記序、目錄首葉鈐“北平中法大學圖書館藏書章”朱印。
文献保护			
	文物级别		
	破损级别		
馆藏信息			
	典藏址		
	典藏号		
	其他编号		
相关资源			
	丛编		
	子目		
	合刻书名		
	合抄书名		
	合印书名		
	合装书名		
	合函书名		
	附录		
	书目文献		
主题			史記,正史,注釋,中國古代
			shi ji,zheng shi,zhu shi,zhong guo gu dai
		中国分类主题词表	
		四库类名	史部,正史類
			shi bu,zheng shi lei

续表

元素	元素修饰词	编码体系修饰词	实例
时空范围			
	地名		
	年代	年号纪年	
		公元纪年	
语种			漢語
来源			據××圖書館古籍特藏庫所藏古籍原物掃描,原物典藏號:X/910.911/17731。
权限			××局域網範圍内使用
类型			古籍數字資源
格式			image/jpeg,256 色,300dpi,336M
标识符			http://162.105.139.57:8080/X/910.911/17731
其他复本信息			

例 13　遊道堂集:四卷

元素	元素修饰词	编码体系修饰词	实例
题名			遊道堂集:四卷
			you dao tang ji
	并列题名		
	版心题名		
	内封题名		
	书衣题名		
	书根题名		
	卷端题名		
	其他题名		
主要责任者			朱彬
			zhu bin
	责任者说明		清
	责任方式		撰
其他责任者			朱士彦
			zhu shi yan
	责任者说明		清
	责任方式		輯校

续表

元素	元素修饰词	编码体系修饰词	实例
日期			
	出版日期	年号纪年	清道光間
		公元纪年	1821－1850
	印刷日期	年号纪年	
		公元纪年	
出版者			寶應朱氏
	出版地		
	印刷者		
	印刷地		
版本类型			稿本
	版印说明		
载体形态			
	装订方式		綫裝
	数量		4冊(1函)
	图表		
	尺寸		26.4×16.5cm
	附件		
附注			朱士彥聘人抄寫並親筆校改。書中最晚紀年為道光壬辰(12年,1832)。
	行款版式		9行20字,無版框欄綫。
	相关文献附注		
	缺字附注		
	责任者附注		朱彬,字武曹,號郁甫,江蘇寶應人,生於乾隆十八年,卒於道光十四年,年八十二。 朱士彥(？－1838),彬子,嘉慶進士。
	从编附注		
	子目附注		
	附录		
	提要		
收藏历史			
	获得方式		
	题跋印记		目首葉鈐“藝風過眼”朱陰文印。

续表

元素	元素修饰词	编码体系修饰词	实例
文献保护			
	文物级别		二級古籍丙等
	破损级别		
馆藏信息			
	典藏址		
	典藏号		
	其他编号		
相关资源			
	丛编		
	子目		
	合刻书名		
	合抄书名		
	合印书名		
	合装书名		
	合函书名		
	附录		
	书目文献		
主题			别集,清代
			bie ji,qing dai
		中国分类主题词表	
		四库类名	集部,别集類
			ji bu,bie ji lei
时空范围			
	地名		
	年代	年号纪年	
		公元纪年	
语种			漢語
来源			據××圖書館古籍特藏庫所藏古籍原物掃描,原物典藏號:SB/817.77/2542.1。
权限			××局域網範圍内使用
类型			古籍數字資源
格式			image/jpeg,256 色,300dpi,54M
标识符			http://162.105.139.57:8080/SB/817.77/2542.1
其他复本信息			

例 14　玉牒

元素	元素修饰词	编码体系修饰词	实例
题名			玉牒
			yu die
	并列题名		
	版心题名		
	内封题名		
	书衣题名		
	书根题名		
	卷端题名		
	其他题名		
主要责任者			玉牒館
			yu die guan
	责任者说明		清
	责任方式		纂修
其他责任者			
	责任者说明		
	责任方式		
日期			
	出版日期	年号纪年	清光緒三年
		公元纪年	1877
	印刷日期	年号纪年	
		公元纪年	
出版者			玉牒館
	出版地		
	印刷者		
	印刷地		
版本类型			寫本
	版印说明		
载体形态			
	装订方式		綫裝
	数量		29 冊(12 函)
	图表		
	尺寸		36.3 × 26.5cm
	附件		

续表

元素	元素修饰词	编码体系修饰词	实例
附注			烏絲欄横檔及朱絲欄直檔。
	行款版式		
	相关文献附注		
	缺字附注		
	责任者附注		
	丛编附注		
	子目附注		
	附录		
	提要		
收藏历史			
	获得方式		
	题跋印记		
文献保护			
	文物级别		
	破损级别		
馆藏信息			
	典藏址		
	典藏号		
	其他编号		
相关资源			
	丛编		
	子目		
	合刻书名		
	合抄书名		
	合印书名		
	合装书名		
	合函书名		
	附录		
	书目文献		
主题			
		中国分类主题词表	
		四库类名	

续表

元素	元素修饰词	编码体系修饰词	实例
时空范围			
	地名		
	年代	年号纪年	
		公元纪年	
语种			漢語
来源			據××圖書館古籍特藏庫所藏古籍原物掃描，原物典藏號:NC/2252.8/1129。
权限			××局域網範圍内使用
类型			古籍數字資源
格式			image/jpeg,256 色,300dpi,296M
标识符			http://162.105.139.57:8080/NC/2252.8/1129
其他复本信息			

例 15　歸震川先生未刻集

元素	元素修饰词	编码体系修饰词	实例
题名			歸震川先生未刻集
			gui zhen chuan xian sheng wei ke ji
	并列题名		
	版心题名		
	内封题名		
	书衣题名		
	书根题名		
	卷端题名		
	其他题名		
主要责任者			歸有光
			gui you guang
	责任者说明		明
	责任方式		撰
其他责任者			
	责任者说明		
	责任方式		

元素	元素修饰词	编码体系修饰词	实例
日期			
	出版日期	年号纪年	清光緒八年
		公元纪年	1882
	印刷日期	年号纪年	
		公元纪年	
出版者			吳祖畬
	出版地		
	印刷者		
	印刷地		
版本类型			抄本
	版印说明		
载体形态			
	装订方式		綫裝
	数量		1 冊(1 函)
	图表		
	尺寸		29 × 18. 2cm
	附件		
附注			
	行款版式		10 行 20 字,無版框欄綫。
	相关文献附注		
	缺字附注		
	责任者附注		歸有光(1506 – 1571),字熙甫。
	丛编附注		
	子目附注		
	附录		
	提要		
收藏历史			
	获得方式		
	题跋印记		有批校,鈐“潘承弼藏書印”。
文献保护			
	文物级别		
	破损级别		

续表

元素	元素修饰词	编码体系修饰词	实例
馆藏信息			
	典藏址		
	典藏号		
	其他编号		
相关资源			
	丛编		
	子目		
	合刻书名		
	合抄书名		
	合印书名		
	合装书名		
	合函书名		
	附录		
	书目文献		
主题			歸有光,别集,明代
			gui you guang,bie ji,ming dai
		中国分类主题词表	
		四库类名	集部,别集類,明别集
			ji bu,bie ji lei,ming bie ji
时空范围			
	地名		
	年代	年号纪年	
		公元纪年	
语种			漢語
来源			據××圖書館古籍特藏庫所藏古籍原物掃描,原物典藏號:SB/810.65/2749b。
权限			××局域網範圍内使用
类型			古籍數字資源
格式			image/jpeg,256 色,300dpi,17M
标识符			http://162.105.139.57:8080/SB/810.65/2749b
其他复本信息			

例 16　寶晉山林集拾遺:四卷

元素	元素修饰词	编码体系修饰词	实例
题名			寶晉山林集拾遺:四卷
			bao jin shan lin ji shi yi
	并列题名		
	版心题名		
	内封题名		
	书衣题名		
	书根题名		
	卷端题名		
	其他题名		
主要责任者			米芾
			mi fu
	责任者说明		宋
	责任方式		撰
其他责任者			
	责任者说明		
	责任方式		
日期			
	出版日期	年号纪年	清
		公元纪年	1644 – 1911
	印刷日期	年号纪年	
		公元纪年	
出版者			
	出版地		
	印刷者		
	印刷地		
版本类型			影抄本
	版印说明		
载体形态			
	装订方式		綫裝
	数量		2 冊
	图表		
	尺寸		25. 3 ×15. 5cm
	附件		

续表

元素	元素修饰词	编码体系修饰词	实例
附注			
	行款版式		
	相关文献附注		據宋本影抄
	缺字附注		
	责任者附注		
	丛编附注		
	子目附注		
	附录		
	提要		
收藏历史			
	获得方式		
	题跋印记		
文献保护			
	文物级别		
	破损级别		
馆藏信息			
	典藏址		
	典藏号		
	其他编号		
相关资源			
	丛编		
	子目		
	合刻书名		
	合抄书名		
	合印书名		
	合装书名		
	合函书名		
	附录		
	书目文献		
主题			米芾,别集,宋代
			mi fu,bie ji,song dai
		中国分类主题词表	
		四库类名	

续表

元素	元素修饰词	编码体系修饰词	实例
时空范围			
	地名		
	年代	年号纪年	
		公元纪年	
语种			漢語
来源			據××圖書館古籍特藏庫所藏古籍原物掃描,原物典藏號:LSB/64。
权限			××局域網範圍内使用
类型			古籍數字資源
格式			image/jpeg,256 色,300dpi,24M
标识符			http://162.105.139.57:8080/LSB/64
其他复本信息			

例 17　太平御覽:一千卷,目錄十卷

元素	元素修饰词	编码体系修饰词	实例
题名			太平御覽:一千卷,目錄十卷
			tai ping yu lan
	并列题名		
	版心题名		
	内封题名		
	书衣题名		
	书根题名		
	卷端题名		
	其他题名		
主要责任者			李昉[等]
			li fang[deng]
	责任者说明		宋
	责任方式		奉敕纂
其他责任者			
	责任者说明		
	责任方式		

续表

元素	元素修饰词	编码体系修饰词	实例
日期			
	出版日期	年号纪年	清嘉慶九至十年
		公元纪年	1804 - 1805
	印刷日期	年号纪年	
		公元纪年	
出版者			儀徵汪氏
	出版地		
	印刷者		
	印刷地		
版本类型			活字本
	版印说明		
载体形态			
	装订方式		綫裝
	数量		96 冊(16 函)
	图表		
	尺寸		28.2×17.9cm
	附件		
附注			内封面鎸“嘉慶丙寅年刊”,首卷卷端題名下印“儀徵汪昌序重校”。書前有雕版刻印嘉慶十七年王芑孫、伊秉綬序。
	行款版式		11 行 22 字,小字雙行同,白口,單黑魚尾,四周單邊,版框高 22.1cm,寬 16.4cm。
	相关文献附注		
	缺字附注		
	责任者附注		
	从编附注		
	子目附注		
	附录		
	提要		
收藏历史			
	获得方式		
	题跋印记		

续表

元素	元素修饰词	编码体系修饰词	实例
文献保护			
	文物级别		
	破损级别		
馆藏信息			
	典藏址		
	典藏号		
	其他编号		
相关资源			
	丛编		
	子目		
	合刻书名		
	合抄书名		
	合印书名		
	合装书名		
	合函书名		
	附录		
	书目文献		
主题			類書,百科全書,宋代
			lei shu,bai ke quan shu,song dai
		中国分类主题词表	
		四库类名	子部,類書類
			zi bu,lei shu lei
时空范围			
	地名		
	年代	年号纪年	
		公元纪年	
语种			漢語
来源			據××圖書館古籍特藏庫所藏古籍原物掃描,原物典藏號:SB/031.85/4060.1。
权限			××局域網範圍内使用
类型			古籍數字資源
格式			image/jpeg,256 色,300dpi,1.125G
标识符			http://162.105.139.57:8080/SB/031.85/4060.1
其他复本信息			

例 18　醉愛居印賞:二卷

元素	元素修饰词	编码体系修饰词	实例
题名			醉愛居印賞:二卷
			zui ai ju yin shang
	并列题名		
	版心题名		
	内封题名		
	书衣题名		
	书根题名		
	卷端题名		
	其他题名		
主要责任者			王睿章
			wang rui zhang
	责任者说明		清
	责任方式		篆刻
其他责任者			徐逵照
			xu kui zhao
	责任者说明		清
	责任方式		考訂
日期			
	出版日期	年号纪年	清乾隆六年
		公元纪年	1741
	印刷日期	年号纪年	
		公元纪年	
出版者			
	出版地		
	印刷者		
	印刷地		
版本类型			鈐印本
	版印说明		
载体形态			
	装订方式		綫裝
	数量		4 冊(1 函)
	图表		
	尺寸		28. 2 × 18. 1cm
	附件		

续表

元素	元素修饰词	编码体系修饰词	实例
附注			出版年據書後跋。
	行款版式		8行20字，白口，單黑魚尾，四周雙邊，版框高22.3cm，寬13.7cm。
	相关文献附注		
	缺字附注		
	责任者附注		王睿章，字曾麓；徐逵照，字卜田。
	从编附注		
	子目附注		
	附录		
	提要		
收藏历史			
	获得方式		
	题跋印记		
文献保护			
	文物级别		
	破损级别		
馆藏信息			
	典藏址		
	典藏号		
	其他编号		
相关资源			
	从编		
	子目		
	合刻书名		
	合抄书名		
	合印书名		
	合装书名		
	合函书名		
	附录		
	书目文献		

续表

元素	元素修饰词	编码体系修饰词	实例
主题			篆刻,印譜,篆書,古文字學
			zhuan ke, yin pu, zhuan shu, gu wen zi xue
		中国分类主题词表	
		四库类名	子部,藝術類
			zi bu, yi shu lei
时空范围	地名		
	年代	年号纪年	
		公元纪年	
语种			漢語
来源			據××圖書館古籍特藏庫所藏古籍原物掃描,原物典藏號:SB/727.7/1020。
权限			××局域網範圍内使用
类型			古籍數字資源
格式			image/jpeg,256 色,300dpi,46M
标识符			http://162.105.139.57:8080/SB/727.7/1020
其他复本信息			

例 19　杜工部集:二十卷,首一卷

元素	元素修饰词	编码体系修饰词	实例
题名			杜工部集:二十卷,首一卷
			du gong bu ji
	并列题名		
	版心题名		
	内封题名		
	书衣题名		
	书根题名		
	卷端题名		
	其他题名		

续表

元素	元素修饰词	编码体系修饰词	实例
主要责任者			杜甫
			du fu
	责任者说明		唐
	责任方式		撰
其他责任者			王世貞[等]
			wang shi zhen[deng]
	责任者说明		明
	责任方式		評
日期			
	出版日期	年号纪年	清道光十四年
		公元纪年	1834
	印刷日期	年号纪年	
		公元纪年	
出版者			盧氏芸葉盦
	出版地		廣州
	印刷者		
	印刷地		
版本类型			刻本
	版印说明		六色套印
载体形态			
	装订方式		綫裝
	数量		24 冊(4 函)
	图表		
	尺寸		26.7×16.6cm
	附件		
附注			内封題“道光甲午季冬/杜工部集/芸葉盦藏板”;又左上角小字鎸“五家評本/王世貞　元美　紫筆/王慎中　遵巖　藍筆/王士禛　阮亭　硃筆墨筆/邵長蘅　子湘　綠筆/宋犖　牧仲　黃筆”。
	行款版式		
	相关文献附注		
	缺字附注		
	责任者附注		

续表

元素	元素修饰词	编码体系修饰词	实例
	从编附注		
	子目附注		
	附录		
	提要		
收藏历史			
	获得方式		
	题跋印记		鈐印“北京大學圖書館文學院圖書室藏書印”。
文献保护			
	文物级别		
	破损级别		
馆藏信息			
	典藏址		
	典藏号		
	其他编号		
相关资源			
	从编		
	子目		
	合刻书名		
	合抄书名		
	合印书名		
	合装书名		
	合函书名		
	附录		
	书目文献		
主题			杜甫,詩集,文集,評注,唐代
			du fu,shi ji,wen ji,ping zhu,tang dai
		中国分类主题词表	
		四库类名	集部,别集類
			ji bu, bie ji lei
时空范围			
	地名		
	年代	年号纪年	
		公元纪年	

续表

元素	元素修饰词	编码体系修饰词	实例
语种			漢語
来源			據××圖書館古籍特藏庫所藏古籍原物掃描,原物典藏號:SB/811.144/4453.4。
权限			××局域網範圍内使用
类型			古籍數字資源
格式			image/jpeg,256 色,300dpi,384M
标识符			http://162.105.139.57:8080/SB/811.144/4453.4
其他复本信息			

例 20　白山詞介:五卷

元素	元素修饰词	编码体系修饰词	实例
题名			白山詞介:五卷
			bai shan ci jie
	并列题名		
	版心题名		
	内封题名		
	书衣题名		
	书根题名		
	卷端题名		
	其他题名		
主要责任者			楊鍾羲
			yang zhong xi
	责任者说明		
	责任方式		錄
其他责任者			
	责任者说明		
	责任方式		
日期			
	出版日期	年号纪年	清宣統二年
		公元纪年	1910
	印刷日期	年号纪年	
		公元纪年	

续表

元素	元素修饰词	编码体系修饰词	实例
出版者			
	出版地		
	印刷者		
	印刷地		
版本类型			刻本
	版印说明		朱印
载体形态			
	装订方式		綫裝
	数量		1 册(1 函)
	图表		
	尺寸		15.3×11.5cm
	附件		
附注			
	行款版式		
	相关文献附注		
	缺字附注		
	责任者附注		
	从编附注		
	子目附注		
	附录		
	提要		
收藏历史			
	获得方式		
	题跋印记		
文献保护			
	文物级别		
	破损级别		
馆藏信息			
	典藏址		
	典藏号		
	其他编号		
相关资源			
	从编		
	子目		
	合刻书名		

续表

元素	元素修饰词	编码体系修饰词	实例
	合抄書名		
	合印书名		
	合装书名		
	合函书名		
	附录		
	书目文献		
主题			詞集,别集
			ci ji, bie ji
		中国分类主题词表	
		四库类名	
时空范围			
	地名		
	年代	年号纪年	
		公元纪年	
语种			漢語
来源			據××圖書館古籍特藏庫所藏古籍原物掃描,原物典藏號:X/I222.849/5。
权限			××局域網範圍内使用
类型			古籍數字資源
格式			image/jpeg,256色,300dpi,19M
标识符			http://162.105.139.57:8080/X/I222.849/5
其他复本信息			

例 21　丹鉛總錄:二十七卷

元素	元素修饰词	编码体系修饰词	实例
题名			丹鉛總錄:二十七卷
			dan qian zong lu
	并列题名		
	版心题名		
	内封题名		
	书衣题名		

续表

元素	元素修饰词	编码体系修饰词	实例
	书根题名		
	卷端题名		
	其他题名		
主要责任者			楊慎
			yang shen
	责任者说明		明
	责任方式		撰
其他责任者			梁佐
			liang zuo
	责任者说明		明
	责任方式		編
日期			
	出版日期	年号纪年	明嘉靖三十三年
		公元纪年	1554
	印刷日期	年号纪年	
		公元纪年	
出版者			
	出版地		
	印刷者		
	印刷地		
版本类型			刻本
	版印说明		藍印
载体形态			
	装订方式		綫裝
	数量		8 冊(1 函)
	图表		
	尺寸		30×19. 5cm
	附件		
附注			
	行款版式		
	相关文献附注		
	缺字附注		
	责任者附注		

续表

元素	元素修饰词	编码体系修饰词	实例
	从编附注		
	子目附注		
	附录		
	提要		
收藏历史			
	获得方式		
	题跋印记		
文献保护			
	文物级别		
	破损级别		
馆藏信息			
	典藏址		
	典藏号		
	其他编号		
相关资源			
	从编		
	子目		
	合刻书名		
	合抄书名		
	合印书名		
	合装书名		
	合函书名		
	附录		
	书目文献		
主题			筆記,考證,明代
			bi ji,kao zheng,ming dai
		中国分类主题词表	
		四库类名	
时空范围			
	地名		
	年代	年号纪年	
		公元纪年	
语种			漢語

续表

元素	元素修饰词	编码体系修饰词	实例
来源			據××圖書館古籍特藏庫所藏古籍原物掃描,原物典藏號:SB/088.6/4694。
权限			××局域網範圍内使用
类型			古籍數字資源
格式			image/jpeg,256 色,300dpi,132M
标识符			http://162.105.139.57:8080/SB/088.6/4694
其他复本信息			

例 22　儀禮正義:四十卷

元素	元素修饰词	编码体系修饰词	实例
题名			儀禮正義:四十卷
			yi li zheng yi
	并列题名		
	版心题名		
	内封题名		
	书衣题名		
	书根题名		
	卷端题名		
	其他题名		
主要责任者			胡培翬
			hu pei hui
	责任者说明		清
	责任方式		學
其他责任者			楊大堉
			yang da yu
	责任者说明		清
	责任方式		補
日期			
	出版日期	年号纪年	清咸豐二年
		公元纪年	1852
	印刷日期	年号纪年	
		公元纪年	

续表

元素	元素修饰词	编码体系修饰词	实例
日期			
	出版日期	年号纪年	清同治七年
		公元纪年	1868
	印刷日期	年号纪年	
		公元纪年	
出版者			陸建瀛
	出版地		蘇州
	印刷者		
	印刷地		
出版者			
	印刷者		陸光祖
	出版地		
	印刷地		
	印刷者		
版本类型			刻本
	版印说明		遞刻
载体形态			
	装订方式		綫裝
	数量		20 冊(2 函)
	图表		
	尺寸		25.9×15.7cm
	附件		
附注			書凡40卷,其中12卷由胡氏門人楊大堉補撰。
			是書咸豐二年陸建瀛初刻於蘇州,未完而軍事起,同治戊辰建瀛姪光祖輦其版之京師,始得補刻成帙,同年復歸其版於培翬姪肇智。
			配本,上下函非同時刷印。目錄補刻,尾葉鎸“蘇州湯晉苑局刊印”。
	行款版式		
	相关文献附注		
	缺字附注		
	责任者附注		

续表

元素	元素修饰词	编码体系修饰词	实例
	从编附注		
	子目附注		
	附录		
	提要		
收藏历史			
	获得方式		
	题跋印记		
文献保护			
	文物级别		
	破损级别		
馆藏信息			
	典藏址		
	典藏号		
	其他编号		
相关资源			
	从编		
	子目		
	合刻书名		
	合抄书名		
	合印书名		
	合装书名		
	合函书名		
	附录		
	书目文献		
主题			儀禮,儒家經典,注釋,清代
			yi li,ru jia jing dian,zhu shi,qing dai
		中国分类主题词表	
		四库类名	經部,禮類,儀禮之屬
			jing bu,li lei,yi li zhi shu
时空范围			
	地名		
	年代	年号纪年	
		公元纪年	

续表

元素	元素修饰词	编码体系修饰词	实例
语种			漢語
来源			據××圖書館古籍特藏庫所藏古籍原物掃描,原物典藏號:X/094.51/4741。
权限			××局域網範圍内使用
类型			古籍數字資源
格式			image/jpeg,256色,300dpi,311M
标识符			http://162.105.139.57:8080/X/094.51/4741
其他复本信息			

例23　楚辭:六卷,卷首一卷,附楚辭餘論二卷,楚辭説韻一卷

元素	元素修饰词	编码体系修饰词	实例
题名			楚辭:六卷,卷首一卷,附楚辭餘論二卷,楚辭説韻一卷
			chu ci
	并列题名		
	版心题名		
	内封题名		
	书衣题名		
	书根题名		
	卷端题名		
	其他题名		
主要责任者			屈原
			qu yuan
	责任者说明		戰國
	责任方式		撰
主要责任者			蔣驥
			jiang ji
	责任者说明		清
	责任方式		注

续表

元素	元素修饰词	编码体系修饰词	实例
日期			
	出版日期	年号纪年	清康熙五十二年
		公元纪年	1713
	印刷日期	年号纪年	
		公元纪年	
日期			
	出版日期	年号纪年	清乾隆五十九年
		公元纪年	1794
	印刷日期	年号纪年	
		公元纪年	
出版者			蔣氏山帶閣
	出版地		
	印刷者		
	印刷地		
出版者			
			蔣錫桓
	印刷者		
	出版地		
	印刷地		
版本类型			刻本
	版印说明		修版
载体形态			
	装订方式		綫裝
	数量		6 册(1 函)
	图表		
	尺寸		24. 1 × 14. 5cm
	附件		
附注			是書初刻於康熙癸巳(五十二年,1713)。其後蔣驥分别於雍正丙午(四年,1726)、雍正丁未(五年,1727)修版。乾隆甲寅(五十九年,1794),其玄孫錫桓重加修補,補板極多。
	行款版式		10 行 21 字,小字雙行約 30 字,白口,單黑魚尾,左右雙邊,框高 16. 6cm,寬 13cm。

续表

元素	元素修饰词	编码体系修饰词	实例
	相关文献附注		
	缺字附注		
	责任者附注		
	从编附注		
	子目附注		
	附录		
	提要		
收藏历史			
	获得方式		張芝聯教授贈書
	题跋印记		首葉鈐“四明張氏約園藏書之印”。
文献保护			
	文物级别		
	破损级别		
馆藏信息			
	典藏址		
	典藏号		
	其他编号		
相关资源			
	从编		
	子目		
	合刻书名		
	合抄书名		
	合印书名		
	合装书名		
	合函书名		
	附录		
	书目文献		
主题			楚辭,詩歌,先秦兩漢
			chu ci,shi ge,xian qin liang han
		中国分类主题词表	
		四库类名	集部,楚辭類
			ji bu,chu ci lei

续表

元素	元素修饰词	编码体系修饰词	实例
时空范围			
	地名		
	年代	年号纪年	
		公元纪年	
语种			漢語
来源			據××圖書館古籍特藏庫所藏古籍原物掃描,原物典藏號:SB/811. 311/7710. 26。
权限			××局域網範圍内使用
类型			古籍數字資源
格式			image/jpeg,256 色,300dpi,86M
标识符			http://162. 105. 139. 57:8080/SB/811. 311/7710. 26
其他复本信息			

例 24　明詩綜:一百卷

元素	元素修饰词	编码体系修饰词	实例
题名			明詩綜:一百卷
			ming shi zong
	并列题名		
	版心题名		
	内封题名		
	书衣题名		
	书根题名		
	卷端题名		
	其他题名		
主要责任者			朱彝尊
			zhu yi zun
	责任者说明		清
	责任方式		錄
其他责任者			汪森[等]
			wang sen[deng]
	责任者说明		清
	责任方式		緝評

续表

元素	元素修饰词	编码体系修饰词	实例
日期			
	出版日期	年号纪年	清康熙四十四年
		公元纪年	1705
	印刷日期	年号纪年	清雍乾間
		公元纪年	1723－1795
出版者			朱氏
	出版地		
	印刷者		六峰閣
	印刷地		
版本类型			刻本
	版印说明		後印
载体形态			
	装订方式		綫裝
	数量		32 册(4 函)
	图表		
	尺寸		25.7×16.1cm
	附件		
附注			有康熙四十四年朱彝尊序。内封鎸“朱竹坨太史選本/明詩綜/六峰閣藏版”。
	行款版式		11 行 21 字,小字雙行 31 字,白口,單黑魚尾,左右雙邊,版框高 18.9cm,寬 14.4cm。
	相关文献附注		
	缺字附注		
	责任者附注		
	丛编附注		
	子目附注		
	附录		
	提要		
收藏历史			
	获得方式		
	题跋印记		鈐“長雩”“蟄雲藏書”朱印。
文献保护			
	文物级别		
	破损级别		

续表

元素	元素修饰词	编码体系修饰词	实例
馆藏信息	典藏址		
	典藏号		
	其他编号		
相关资源	丛编		
	子目		
	合刻书名		
	合抄书名		
	合印书名		
	合装书名		
	合函书名		
	附录		
	书目文献		
主题			詩集,總集,明代
			shi ji,zong ji,ming dai
		中国分类主题词表	
		四库类名	集部,總集類
			ji bu,zong ji lei
时空范围			
	地名		
	年代	年号纪年	
		公元纪年	
语种			漢語
来源			據××圖書館古籍特藏庫所藏古籍原物掃描,原物典藏號:SB/811. 1086/2528. 2。
权限			××局域網範圍内使用
类型			古籍數字資源
格式			image/jpeg,256 色,300dpi,578M
标识符			http://162. 105. 139. 57:8080/SB/811. 1086/2528. 2
其他复本信息			

例 25　三國志:六十五卷

元素	元素修饰词	编码体系修饰词	实例
题名			三國志:六十五卷
			san guo zhi
	并列题名		
	版心题名		
	内封题名		
	书衣题名		
	书根题名		
	卷端题名		
	其他题名		
主要责任者			陳壽
			chen shou
	责任者说明		晉
	责任方式		撰
其他责任者			裴松之
			pei song zhi
	责任者说明		南朝宋
	责任方式		注
日期			
	出版日期	年号纪年	宋
		公元纪年	960－1279
	印刷日期	年号纪年	元明
		公元纪年	1271－1644
出版者			
	出版地		衢州
	印刷者		
	印刷地		
版本类型			刻本
	版印说明		遞修
载体形态			
	装订方式		綫裝
	数量		20 冊(4 函)
	图表		
	尺寸		30.3×20.5cm
	附件		

续表

元素	元素修饰词	编码体系修饰词	实例
附注			卷2缺1葉
	行款版式		
	相关文献附注		
	缺字附注		
	责任者附注		
	从编附注		
	子目附注		
	附录		
	提要		
收藏历史			
	获得方式		
	题跋印记		
文献保护			
	文物级别		一級古籍乙等
	破损级别		
馆藏信息			
	典藏址		
	典藏号		
	其他编号		
相关资源			
	从编		
	子目		
	合刻书名		
	合抄书名		
	合印书名		
	合装书名		
	合函书名		
	附录		
	书目文献		
主题			正史,紀傳體,三國
			zheng shi,ji zhuan ti,san guo
		中国分类主题词表	
		四库类名	史部,正史類
			shi bu,zheng shi lei

续表

元素	元素修饰词	编码体系修饰词	实例
时空范围			
	地名		
	年代	年号纪年	
		公元纪年	
语种			漢語
来源			據××圖書館古籍特藏庫所藏古籍原物掃描,原物典藏號:LSB/1513。
权限			××局域網範圍内使用
类型			古籍數字資源
格式			image/jpeg,256 色,300dpi,341M
标识符			http://162.105.139.57:8080/LSB/1513
其他复本信息			

例 26 天一閣宋拓劉熊碑雙鉤本

元素	元素修饰词	编码体系修饰词	实例
题名			天一閣宋拓劉熊碑雙鉤本
			tian yi ge song ta liu xiong bei shuang gou ben
	并列题名		
	版心题名		
	内封题名		
	书衣题名		
	书根题名		
	卷端题名		
	其他题名		
主要责任者			趙之謙
			zhao zhi qian
	责任者说明		清
	责任方式		摹
其他责任者			
	责任者说明		
	责任方式		

续表

元素	元素修饰词	编码体系修饰词	实例
日期			
	出版日期	年号纪年	民國十年
		公元纪年	1921
	印刷日期	年号纪年	
		公元纪年	
出版者			中華書局
	出版地		上海
	印刷者		
	印刷地		
版本类型			影印本
	版印说明		珂羅版
载体形态			
	装订方式		綫裝
	数量		1 册(1 函)
	图表		
	尺寸		36×26.5cm
	附件		
附注			内封面题:“天一閣宋拓劉熊碑雙鉤本/同治甲子人日雪之謙為均初同年題”。
	行款版式		
	相关文献附注		
	缺字附注		
	責任者附注		趙之謙(1829－1884),初字益甫,一作益父,號冷君,改字撝叔,號悲盦,又號悲盦居士、憨寮、鐵三、孺卿、梅庵,晚號無悶,別號子欠、凡夫、笑道人、悲翁、思悲翁、趙叔子、勇廬等,浙江會稽人。
	从编附注		
	子目附注		
	附录		
	提要		
收藏历史			
	获得方式		
	题跋印记		

续表

元素	元素修饰词	编码体系修饰词	实例
文献保护			
	文物级别		
	破损级别		
馆藏信息			
	典藏址		
	典藏号		
	其他编号		
相关资源			
	从编		
	子目		
	合刻书名		
	合抄书名		
	合印书名		
	合装书名		
	合函书名		
	附录		
	书目文献		
主题			劉熊碑,拓片,天一閣,宋代,雙鉤
			liu xiong bei,ta pian,tian yi ge,song dai,shuang gou
		中国分类主题词表	
		四库类名	
时空范围			
	地名		
	年代	年号纪年	
		公元纪年	
语种			漢語
来源			據××圖書館古籍特藏庫所藏古籍原物掃描,原物典藏號:X/990.813/4933。
权限			××局域網範圍内使用
类型			古籍數字資源
格式			image/jpeg,256 色,300dpi,11M
标识符			http://162.105.139.57:8080/X/990.813/4933
其他复本信息			

例 27　漢書:一百卷,附考證

元素	元素修饰词	编码体系修饰词	实例
题名			漢書:一百卷,附考證
			han shu
	并列题名		
	版心题名		
	内封题名		漢書百二十卷
			han shu bai er shi juan
	书衣题名		欽定前漢書
			qin ding qian han shu
	书根题名		
	卷端题名		
	其他题名		
主要责任者			班固
			ban gu
	责任者说明		漢
	责任方式		撰
其他责任者			顏師古
			yan shi gu
	责任者说明		唐
	责任方式		注
日期			
	出版日期	年号纪年	光緒十年
		公元纪年	1884
	印刷日期	年号纪年	
		公元纪年	
出版者			同文書局
	出版地		上海
	印刷者		
	印刷地		
版本类型			影印本
	版印说明		石印
载体形态			
	装订方式		綫裝
	数量		32 册(4 函)
	图表		
	尺寸		19.9×12.5cm
	附件		

续表

元素	元素修饰词	编码体系修饰词	实例
附注			内封背面题:"光緒十年甲申仲春上海同文書局用石影印"。
	行款版式		
	相关文献附注		據清乾隆武英殿本影印。
	缺字附注		
	责任者附注		
	从编附注		
	子目附注		
	附录		
	提要		
收藏历史			
	获得方式		
	题跋印记		
文献保护			
	文物级别		
	破损级别		
馆藏信息			
	典藏址		
	典藏号		
	其他编号		
相关资源			
	从编		
	子目		
	合刻书名		
	合抄书名		
	合印书名		
	合装书名		
	合函书名		
	附录		
	书目文献		

续表

元素	元素修饰词	编码体系修饰词	实例
主题			正史,紀傳體,漢代
			zheng shi,ji zhuan ti,han dai
		中国分类主题词表	
		四库类名	史部,正史類
			shi bu,zheng shi lei
时空范围	地名		
	年代	年号纪年	
		公元纪年	
语种			漢語
来源			據××圖書館古籍特藏庫所藏古籍原物掃描,原物典藏號:X/912.1/1160.23。
权限			××局域網範圍内使用
类型			古籍數字資源
格式			image/jpeg,256色,300dpi,544M
标识符			http://162.105.139.57:8080/X/912.1/1160.23
其他复本信息			

例28 唐女郎魚玄機詩:一卷

元素	元素修饰词	编码体系修饰词	实例
题名			唐女郎魚玄機詩:一卷
			tang nv lang yu xuan ji shi
	并列题名		
	版心题名		
	内封题名		
	书衣题名		
	书根题名		
	卷端题名		
	其他题名		

续表

元素	元素修饰词	编码体系修饰词	实例
主要责任者			魚玄機
			yu xuan ji
	责任者说明		唐
	责任方式		撰
其他责任者			
	责任者说明		
	责任方式		
日期			
	出版日期	年号纪年	民國初期
		公元纪年	1912－1927
	印刷日期	年号纪年	
		公元纪年	
出版者			周叔弢
	出版地		
	印刷者		
	印刷地		
版本类型			影印本
	版印说明		
载体形态			
	装订方式		蝴蝶裝
	数量		1 冊(1 函)
	图表		
	尺寸		37.6×27.5cm
	附件		
附注			
	行款版式		
	相关文献附注		
	缺字附注		
	责任者附注		
	从编附注		
	子目附注		
	附录		
	提要		

续表

元素	元素修饰词	编码体系修饰词	实例
收藏历史			函套所貼書簽墨筆書“景宋本唐女郎魚玄機詩戊午孟春之月无咎購藏”。
	獲得方式		
	题跋印记		
文献保护			
	文物级别		
	破损级别		
馆藏信息			
	典藏址		
	典藏号		
	其他编号		
相关资源			
	丛编		
	子目		
	合刻书名		
	合抄书名		
	合印书名		
	合装书名		
	合函书名		
	附录		
	书目文献		
主题			魚玄機,唐詩,别集,唐代
			yu xuan ji,tang shi,bie ji,tang dai
		中国分类主题词表	
		四库类名	集部,别集類
			ji bu,bie ji lei
时空范围			
	地名		
	年代	年号纪年	
		公元纪年	
语种			漢語
来源			據××圖書館古籍特藏庫所藏古籍原物掃描,原物典藏號:X/811.1488/2704.1。

续表

元素	元素修饰词	编码体系修饰词	实例
权限			××局域網範圍内使用
类型			古籍數字資源
格式			image/jpeg,256 色,300dpi,13M
标识符			http://162.105.139.57:8080/X/811.1488/2704.1
其他复本信息			

例 29 欽定四庫全書:四種

元素	元素修饰词	编码体系修饰词	实例
题名			欽定四庫全書:四種
			qin ding si ku quan shu
	并列题名		
	版心题名		
	内封题名		
	书衣题名		
	书根题名		
	卷端题名		
	其他题名		
主要责任者			國立中央圖書館籌備處
			guo li zhong yang tu shu guan chou bei chu
	责任者说明		
	责任方式		輯
其他责任者			
	责任者说明		
	责任方式		
日期			
	出版日期	年号纪年	民國二十四年
		公元纪年	1935
	印刷日期	年号纪年	
		公元纪年	
出版者			商務印書館
	出版地		上海
	印刷者		
	印刷地		

续表

元素	元素修饰词	编码体系修饰词	实例
版本类型			影印本
	版印说明		
载体形态			
	装订方式		包背装
	数量		6 冊(1 函)
	图表		圖
	尺寸		31. 5 ×21. 5cm
	附件		
附注			
	行款版式		
	相关文献附注		
	缺字附注		
	责任者附注		
	从编附注		
	子目附注		皇祐新樂圖記:三卷/(宋)阮逸撰,(宋)胡瑗撰;紹熙州縣釋奠儀圖:一卷/(宋)朱熹撰;家山圖書:一卷/(宋)□□撰;欽定補繪離騷全圖:三卷/(清)蕭雲從繪,(清)乾隆敕補繪。
	附录		
	提要		
收藏历史			
	获得方式		
	题跋印记		
文献保护			
	文物级别		
	破损级别		
馆藏信息			
	典藏址		
	典藏号		
	其他编号		
相关资源			
	从编		
	子目		
	合刻书名		

元素	元素修饰词	编码体系修饰词	实例
	合抄書名		
	合印书名		
	合装书名		
	合函书名		
	附录		
	书目文献		
主题			《四庫全書》,叢書
			《si ku quan shu》,cong shu
		中国分类主题词表	
		四库类名	
时空范围			
	地名		
	年代	年号纪年	
		公元纪年	
语种			漢語
来源			據××圖書館古籍特藏庫所藏古籍原物掃描,原物典藏號:SB/081. 16/5050。
权限			××局域網範圍内使用
类型			古籍數字資源
格式			image/jpeg,256 色,300dpi,78M
标识符			http://162. 105. 139. 57:8080/SB/081. 16/5050
其他复本信息			

例 30　膠澳志:[民國],十二卷

元素	元素修饰词	编码体系修饰词	实例
题名			膠澳志:[民國],十二卷
			jiao ao zhi
	并列题名		
	版心题名		
	内封题名		
	书衣题名		

续表

元素	元素修饰词	编码体系修饰词	实例
	书根题名		
	卷端题名		
	其他题名		
主要责任者			趙琪
			zhao qi
	责任者说明		
	责任方式		修
其他责任者			袁榮叜[等]
			yuan rong sou[deng]
	责任者说明		
	责任方式		纂
日期			
	出版日期	年号纪年	民國十七年
		公元纪年	1928
	印刷日期	年号纪年	
		公元纪年	
出版者			膠澳商埠局
	出版地		
	印刷者		
	印刷地		
版本类型			鉛印本
	版印说明		
载体形态			
	装订方式		綫裝
	数量		10 冊(1 函)
	图表		圖,表及地圖
	尺寸		25.5×15.5cm
	附件		附圖 7 張 1 紙袋
附注			有民國十七年序
	行款版式		
	相关文献附注		
	缺字附注		
	责任者附注		

续表

元素	元素修饰词	编码体系修饰词	实例
	丛编附注		
	子目附注		
	附录		
	提要		
收藏历史			
	获得方式		
	题跋印记		
文献保护			
	文物级别		
	破损级别		
馆藏信息			
	典藏址		
	典藏号		
	其他编号		
相关资源			
	丛编		
	子目		
	合刻书名		
	合抄书名		
	合印书名		
	合装书名		
	合函书名		
	附录		
	书目文献		
主题			地方志,膠澳,青島
			di fang zhi,jiao ao,qing dao
		中国分类主题词表	
		四库类名	史部,地理類,方志
			shu bu,di li lei,fang zhi
时空范围			
	地名		
	年代	年号纪年	
		公元纪年	

续表

元素	元素修饰词	编码体系修饰词	实例
语种			漢語
来源			據××圖書館古籍特藏庫所藏古籍原物掃描,原物典藏號:X/981.62100/4914。
权限			××局域網範圍内使用
类型			古籍數字資源
格式			image/jpeg,256色,300dpi,144M
标识符			http://162.105.139.57:8080/X/981.62100/4914
其他复本信息			

例31　貴池先哲遺書:三十種,附刻一種,續刻一種

元素	元素修饰词	编码体系修饰词	实例
题名			貴池先哲遺書:三十種,附刻一種,續刻一種
			gui chi xian zhe yi shu
	并列题名		
	版心题名		
	内封题名		
	书衣题名		
	书根题名		
	卷端题名		
	其他题名		
主要责任者			劉世珩
			liu shi heng
	责任者说明		
	责任方式		輯
其他责任者			
	责任者说明		
	责任方式		
日期			
	出版日期	年号纪年	清光緒二十四年至民國十五年
		公元纪年	1898 – 1926
	印刷日期	年号纪年	
		公元纪年	

续表

元素	元素修饰词	编码体系修饰词	实例
出版者			劉世珩唐石簃
	印刷者		
	出版地		
	印刷地		
版本类型			刻本
	版印说明		遞刻彙印
载体形态			
	装订方式		綫裝
	数量		64 冊(8 函)
	图表		
	尺寸		26×16.2cm
	附件		
附注			版刻年據内封背面題記、編訂題記、重編題記。内封背面鎸“唐石簃彙刻書凡三十種另坿待訪目一種坿錄二種坿刻一種光緒戊戌五月黄岡陶子麟仿宋本式開板抣武昌宣統庚申三月全書告成劉世珩題記抣上海草鞋浜埜園”。序目後有題宣統庚申(1920)劉世珩編訂題記,續刻序目後有題宣統丙寅(1926)劉世珩重編題記。内封正面鈐“丙寅”朱記。每卷首葉版心鎸“唐石簃本”,末葉版心鎸“劉氏刊行”。
	行款版式		
	相关文献附注		
	缺字附注		
	责任者附注		
	从编附注		
	子目附注		
	附录		
	提要		
收藏历史			
	获得方式		
	题跋印记		

续表

元素	元素修饰词	编码体系修饰词	实例
文献保护			
	文物级别		
	破损级别		
馆藏信息			
	典藏址		
	典藏号		
	其他编号		
相关资源			
	丛编		
	子目		貴池唐人集:九種
	子目		秋浦雙忠錄:五種
	子目		李行季遺詩:一卷,附詩餘一卷
	子目		東林本末:三卷,附跋
	子目		貴池二妙集:二種四十七卷
	子目		化碧錄:一卷
	子目		楚漢帝月表:一卷
	子目		三唐傳國編年:五卷
	子目		一草亭讀史漫筆:二卷
	子目		偶存草:一卷
	子目		燕字和韻詩:一卷
	子目		杏花村志:十二卷,卷末一卷
	子目		莊子解:十二卷,卷末一卷
	子目		幼科鐵鏡:六卷
	子目		南湖集鈔:文八卷,詩四卷
	子目		秀山志:十八卷
	子目		靜觀書屋詩集:七卷
	子目		建文遜國之際月表:二卷,考異一卷
	合刻书名		
	合抄书名		
	合印书名		
	合装书名		
	合函书名		
	附录		附刻齊山巖洞志:二十六卷,卷首一卷
	书目文献		

续表

元素	元素修饰词	编码体系修饰词	实例
主题			叢書,清代,民國
			cong shu,qing dai,min guo
		中国分类主题词表	
		四库类名	
时空范围			
	地名		
	年代	年号纪年	
		公元纪年	
语种			漢語
来源			據××圖書館古籍特藏庫所藏古籍原物掃描,原物典藏號:X/081.476/7241。
权限			××局域網範圍内使用
类型			古籍數字資源
格式			image/jpeg,256 色,300dpi,1.01G
标识符			http://162.105.139.57:8080/X/081.476/7241
其他复本信息			

例 32　貴池唐人集:九種

元素	元素修饰词	编码体系修饰词	实例
题名			貴池唐人集:九種
			gui chi tang ren ji
	并列题名		
	版心题名		
	内封题名		
	书衣题名		
	书根题名		
	卷端题名		
	其他题名		
主要责任者			劉世珩
			liu shi heng
	责任者说明		
	责任方式		輯

续表

元素	元素修饰词	编码体系修饰词	实例
其他责任者			
	责任者说明		
	责任方式		
日期			
	出版日期	年号纪年	清光緒二十九至三十一年
		公元纪年	1903 – 1905
	印刷日期	年号纪年	
		公元纪年	
出版者			劉世珩唐石簃
	出版地		貴池
	印刷者		
	印刷地		
版本类型			刻本
	版印说明		遞刻彙印
载体形态			
	装订方式		綫裝
	数量		
	图表		
	尺寸		26 × 16. 2cm
	附件		
附注			版刻年據子目各種識語及序目識語。内封背面鎸"劉氏唐石簃彙刻貴池先哲遺書"。序目後有清光緒三十一年劉世珩識語。每卷首葉版心鎸"唐石簃本",末葉版心鎸"劉氏刊行"。
			4 冊
	行款版式		
	相关文献附注		
	缺字附注		
	责任者附注		
	丛编附注		
	子目附注		
	附录		
	提要		

续表

元素	元素修饰词	编码体系修饰词	实例
收藏历史			
	获得方式		
	题跋印记		
文献保护			
	文物级别		
	破损级别		
馆藏信息			
	典藏址		
	典藏号		
	其他编号		
相关资源			
	从编		貴池先哲遺書:三十種,附刻一種,續刻一種
	子目		劇談錄:二卷,逸文
	子目		費冠卿詩:一卷,坿文一首
	子目		張處士詩集:五卷
	子目		周繇詩:一卷
	子目		顧雲詩:一卷,文一卷
	子目		張喬詩:一卷,文一首
	子目		唐風集:三卷,逸詩,坿一卷
	子目		殷文圭詩:一卷,文一首
	子目		伍喬詩:一卷
	合刻书名		
	合抄书名		
	合印书名		
	合装书名		
	合函书名		
	附录		
	书目文献		
主题			唐詩,叢書,清代,民國
			tang shi,cong shu,qing dai,min guo
		中国分类主题词表	
		四库类名	集部,總集類
			ji bu,zong ji lei

续表

元素	元素修饰词	编码体系修饰词	实例
时空范围			
	地名		
	年代	年号纪年	
		公元纪年	
语种			漢語
来源			據××圖書館古籍特藏庫所藏古籍原物掃描,原物典藏號:X/081.476/7241/:1-:2。
权限			××局域網範圍内使用
类型			古籍數字資源
格式			image/jpeg,256色,300dpi,63M
标识符			http://162.105.139.57:8080/X/081.476/7241/1
其他复本信息			

例33　劇談錄:二卷,逸文

元素	元素修饰词	编码体系修饰词	实例
题名			劇談錄:二卷,逸文
			ju tan lu
	并列题名		
	版心题名		
	内封题名		
	书衣题名		
	书根题名		
	卷端题名		
	其他题名		
主要责任者			康駢
			kang pian
	责任者说明		唐
	责任方式		述
其他责任者			
	责任者说明		
	责任方式		

续表

<table>
<tr><th>元素</th><th>元素修饰词</th><th>编码体系修饰词</th><th>实例</th></tr>
<tr><td rowspan="5">日期</td><td></td><td></td><td></td></tr>
<tr><td rowspan="2">出版日期</td><td>年号纪年</td><td>清光緒二十九年</td></tr>
<tr><td>公元纪年</td><td>1903</td></tr>
<tr><td rowspan="2">印刷日期</td><td>年号纪年</td><td>民國十五年</td></tr>
<tr><td>公元纪年</td><td>1926</td></tr>
<tr><td rowspan="4">出版者</td><td></td><td></td><td>劉氏唐石簃</td></tr>
<tr><td>出版地</td><td></td><td>貴池</td></tr>
<tr><td>印刷者</td><td></td><td></td></tr>
<tr><td>印刷地</td><td></td><td></td></tr>
<tr><td rowspan="2">版本类型</td><td></td><td></td><td>刻本</td></tr>
<tr><td>版印说明</td><td></td><td></td></tr>
<tr><td rowspan="6">载体形态</td><td></td><td></td><td></td></tr>
<tr><td>装订方式</td><td></td><td>綫裝</td></tr>
<tr><td>数量</td><td></td><td></td></tr>
<tr><td>图表</td><td></td><td></td></tr>
<tr><td>尺寸</td><td></td><td>26 × 16. 2cm</td></tr>
<tr><td>附件</td><td></td><td></td></tr>
<tr><td rowspan="10">附注</td><td></td><td></td><td>書末鎸“貴池先哲遺書第一”。卷端題名下鎸“貴池唐人集第一”。卷末有光緒二十九年劉世珩跋。每卷首葉版心鎸“唐石簃本”,末葉版心鎸“劉氏刊行”。</td></tr>
<tr><td></td><td></td><td>合 1 册</td></tr>
<tr><td>行款版式</td><td></td><td></td></tr>
<tr><td>相关文献附注</td><td></td><td></td></tr>
<tr><td>缺字附注</td><td></td><td></td></tr>
<tr><td>责任者附注</td><td></td><td></td></tr>
<tr><td>从编附注</td><td></td><td></td></tr>
<tr><td>子目附注</td><td></td><td></td></tr>
<tr><td>附录</td><td></td><td></td></tr>
<tr><td>提要</td><td></td><td></td></tr>
<tr><td rowspan="3">收藏历史</td><td></td><td></td><td></td></tr>
<tr><td>获得方式</td><td></td><td></td></tr>
<tr><td>题跋印记</td><td></td><td></td></tr>
</table>

续表

元素	元素修饰词	编码体系修饰词	实例
文献保护			
	文物级别		
	破损级别		
馆藏信息			
	典藏址		
	典藏号		
	其他编号		
相关资源			
	从编		貴池唐人集:九種
	子目		
	合刻书名		
	合抄书名		
	合印书名		
	合装书名		
	合函书名		
	附录		
	书目文献		
主题			
		中国分类主题词表	
		四库类名	
时空范围			
	地名		
	年代	年号纪年	
		公元纪年	
语种			漢語
来源			據××圖書館古籍特藏庫所藏古籍原物掃描,原物典藏號:X/081.476/7241:1。
权限			××局域網範圍内使用
类型			古籍數字資源
格式			image/jpeg,256 色,300dpi,8M
标识符			http://162.105.139.57:8080/X/081.476/7241/1/1
其他复本信息			

例 34　齊山巖洞志:二十六卷,卷首一卷

元素	元素修饰词	编码体系修饰词	实例
题名			齊山巖洞志:二十六卷,卷首一卷
			qi shan yan dong zhi
	并列题名		
	版心题名		
	内封题名		
	书衣题名		
	书根题名		
	卷端题名		
	其他题名		
主要责任者			陳蔚
			chen wei
	责任者说明		清
	责任方式		纂輯
其他责任者			
	责任者说明		
	责任方式		
日期			
	出版日期	年号纪年	清光緒二十七年
		公元纪年	1901
	印刷日期	年号纪年	民國十五年
		公元纪年	1926
出版者			劉氏唐石簃
	出版地		貴池
	印刷者		
	印刷地		
版本类型			刻本
	版印说明		
载体形态			
	装订方式		綫裝
	数量		
	图表		
	尺寸		26×16.2cm
	附件		

续表

元素	元素修饰词	编码体系修饰词	实例
			每卷卷末書牌鎸"貴池先哲遺書附刊單行/南山劉氏唐石簃繙原本",有光緒二十七年劉世珩識語。
			8 冊
附注	行款版式		
	相关文献附注		
	缺字附注		
	责任者附注		
	从编附注		
	子目附注		
	附录		
	提要		
收藏历史			
	获得方式		
	题跋印记		
文献保护			
	文物级别		
	破损级别		
馆藏信息			
	典藏址		
	典藏号		
	其他编号		
相关资源			
	从编		
	子目		
	合刻书名		貴池先哲遺書:三十種,附刻一種,續刻一種
	合抄书名		
	合印书名		
	合装书名		
	合函书名		
	附录		
	书目文献		

续表

元素	元素修饰词	编码体系修饰词	实例
主题			山志,地方志
			shan zhi,di fang zhi
		中国分类主题词表	地方文獻
			di fang wen xian
		四库类名	史部,地理類,山水之屬
			shi bu,di li lei,shan shui zhi shu
时空范围			
	地名		
	年代	年号纪年	
		公元纪年	
语种			漢語
来源			據××圖書館古籍特藏庫所藏古籍原物掃描,原物典藏號:X/081.476/7241/C3:7。
权限			××局域網範圍内使用
类型			古籍數字資源
格式			image/jpeg,256 色,300dpi,126M
标识符			http://162.105.139.57:8080/X/081.476/7241/7
其他复本信息			

例 35　水經注:四十卷

元素	元素修饰词	编码体系修饰词	实例
题名			水經注:四十卷
			shui jing zhu
	并列题名		
	版心题名		
	内封题名		
	书衣题名		
	书根题名		
	卷端题名		
	其他题名		

续表

元素	元素修饰词	编码体系修饰词	实例
主要责任者			桑欽
			sang qin
	责任者说明		漢
	责任方式		撰
其他责任者			酈道元
			li dao yuan
	责任者说明		後魏
	责任方式		注
日期			
	出版日期	年号纪年	清康熙
		公元纪年	1662－1722
	印刷日期	年号纪年	
		公元纪年	
出版者			項氏群玉書堂
	出版地		
	印刷者		
	印刷地		
版本类型			刻本
	版印说明		
载体形态			
	装订方式		綫裝
	数量		20 册(4 函)
	图表		
	尺寸		26.2×16.4cm
	附件		
附注			内封面题:“項氏群玉書堂”。
			18 册
	行款版式		11 行 21 字,白口,四周單邊,框高 18cm,寬 13.6cm。
	相关文献附注		
	缺字附注		
	责任者附注		
	丛编附注		
	子目附注		
	附录		
	提要		

续表

元素	元素修饰词	编码体系修饰词	实例
收藏历史			
	获得方式		
	题跋印记		鈐"北平孔德學校之章"朱印。
文献保护			
	文物级别		
	破损级别		
馆藏信息			××圖書館
	典藏址		古籍特藏庫
	典藏号		VCD/185000
	其他编号		
相关资源			
	从编		
	子目		
	合刻书名		山海經:十八卷
	合抄书名		
	合印书名		
	合装书名		
	合函书名		
	附录		
	书目文献		
主题			水經注,河流,地理
			shui jing zhu,he liu,di li
		中国分类主题词表	
		四库类名	史部,地理類,河渠之屬
			shi bu,di li lei,he qu zhi shu
时空范围			
	地名		
	年代	年号纪年	
		公元纪年	
语种			漢語
来源			據××圖書館古籍特藏庫所藏古籍原物掃描,原物典藏號:SB/981.341/1731.1。
权限			館內閱覽

续表

元素	元素修饰词	编码体系修饰词	实例
类型			古籍數字資源
格式			image/jpeg,256 色,600dpi,656M,vcd,Φ12cm,合 1 張
标识符			
其他复本信息			

例 36　山海經:十八卷

元素	元素修饰词	编码体系修饰词	实例
题名			山海經:十八卷
			shan hai jing
	并列题名		
	版心题名		
	内封题名		
	书衣题名		
	书根题名		
	卷端题名		
	其他题名		
主要责任者			郭璞
			guo pu
	责任者说明		晉
	责任方式		注
其他责任者			
	责任者说明		
	责任方式		
日期			
	出版日期	年号纪年	清康熙
		公元纪年	1662 – 1722
	印刷日期	年号纪年	
		公元纪年	
出版者			項氏群玉書堂
	出版地		
	印刷者		
	印刷地		

续表

元素	元素修饰词	编码体系修饰词	实例
版本类型			刻本
	版印说明		
载体形态			
	装订方式		綫裝
	数量		
	图表		
	尺寸		26.2×16.4cm
	附件		
附注			内封背面題:“項氏群玉書堂”。
			2 冊
	行款版式		11 行 21 字,白口,四周單邊,框高 18cm,寬 13.6cm。
	相关文献附注		
	缺字附注		
	责任者附注		
	从编附注		
	子目附注		
	附录		
	提要		
收藏历史			
	获得方式		
	题跋印记		鈐“北平孔德學校之章”朱印。
文献保护			
	文物级别		
	破损级别		
馆藏信息			××圖書館
	典藏址		古籍特藏庫
	典藏号		VCD/185000
	其他编号		

续表

元素	元素修饰词	编码体系修饰词	实例
相关资源			
	丛编		
	子目		
	合刻书名		水經注:四十卷
	合抄书名		
	合印书名		
	合装书名		
	合函书名		
	附录		
	书目文献		
主题			神話,小說,史料,中國
			shen hua,xiao shuo,shi liao,zhong guo
		中国分类主题词表	
		四库类名	子部,小說家類,異聞之屬
			zi bu,xiao shuo jia lei,yi wen zhi shu
时空范围			
	地名		
	年代	年号纪年	
		公元纪年	
语种			漢語
来源			據××圖書館古籍特藏庫所藏古籍原物掃描,原物典藏號:SB/981.341/1731.1:4。
权限			館内閲覽
类型			古籍數字資源
格式			image/jpeg,256 色,600dpi,17M,vcd,Φ12cm,合 1 張
标识符			
其他复本信息			

二、古籍数字资源著录实例(来源为古籍缩微资源)

例 37　三國志:六十五卷

元素	元素修饰词	编码体系修饰词	实例
题名			三國志:六十五卷
			san guo zhi
	并列题名		
	版心题名		
	内封题名		
	书衣题名		
	书根题名		
	卷端题名		
	其他题名		
主要责任者			陳壽
			chen shou
	责任者说明		晉
	责任方式		撰
其他责任者			裴松之
			pei song zhi
	责任者说明		南朝宋
	责任方式		注
日期			
	出版日期	年号纪年	宋
		公元纪年	960 – 1279
	印刷日期	年号纪年	元明
		公元纪年	1271 – 1644
出版者			
	出版地		衢州
	印刷者		
	印刷地		
版本类型			刻本
	版印说明		遞修

续表

元素	元素修饰词	编码体系修饰词	实例
载体形态			
	装订方式		綫裝
	数量		20 册(4 函)
	图表		
	尺寸		30.3×20.5cm
	附件		
附注			卷2缺1葉
	行款版式		
	相关文献附注		
	缺字附注		
	责任者附注		
	从编附注		
	子目附注		
	附录		
	提要		
收藏历史			
	获得方式		
	题跋印记		
文献保护			
	文物级别		一級古籍乙等
	破损级别		
馆藏信息			
	典藏址		
	典藏号		
	其他编号		
相关资源			
	丛编		
	子目		
	合刻书名		
	合抄书名		
	合印书名		
	合装书名		
	合函书名		
	附录		
	书目文献		

续表

元素	元素修饰词	编码体系修饰词	实例
主题			正史,紀傳體,三國
			zheng shi,ji zhuan ti,san guo
		中国分类主题词表	
		四库类名	史部,正史類
			shi bu,zheng shi lei
时空范围			
	地名		
	年代	年号纪年	
		公元纪年	
语种			漢語
来源			據××圖書館古籍特藏庫所藏縮微膠卷掃描,膠卷為35mm负片,2捲,灰度拍照。膠卷典藏號:SJ0011051。
来源			古籍原物典藏號:LSB/1513
权限			××局域網範圍内使用
类型			古籍數字資源
格式			image/jpeg,灰度,300dpi,809M
标识符			http://162.105.139.57:8080/SJ0011051
其他复本信息			

例38 困學紀聞注:二十卷,首一卷

元素	元素修饰词	编码体系修饰词	实例
题名			困學紀聞注:二十卷,首一卷
			kun xue ji wen zhu
	并列题名		
	版心题名		
	内封题名		
	书衣题名		
	书根题名		
	卷端题名		
	其他题名		

续表

元素	元素修饰词	编码体系修饰词	实例
主要责任者			王應麟
			wang ying lin
	责任者说明		宋
	责任方式		撰
其他责任者			翁元圻
			weng yuan qi
	责任者说明		清
	责任方式		注
日期			
	出版日期	年号纪年	清道光五年
		公元纪年	1825
	印刷日期	年号纪年	
		公元纪年	
出版者			翁氏
	出版地		
	印刷者		
	印刷地		
版本类型			刻本
	版印说明		
载体形态			
	装订方式		
	数量		13 册(2 函)
	图表		
	尺寸		25.5×15.9cm
	附件		
附注			
	行款版式		
	相关文献附注		
	缺字附注		
	责任者附注		王應麟,字伯厚。翁元圻,字載青。
	从编附注		
	子目附注		
	附录		
	提要		

续表

<table>
<tr><th>元素</th><th>元素修饰词</th><th>编码体系修饰词</th><th>实例</th></tr>
<tr><td rowspan="3">收藏历史</td><td></td><td></td><td></td></tr>
<tr><td>获得方式</td><td></td><td></td></tr>
<tr><td>题跋印记</td><td></td><td>鈐印:“鍾廣”“芷晴”。</td></tr>
<tr><td rowspan="3">文献保护</td><td></td><td></td><td></td></tr>
<tr><td>文物级别</td><td></td><td>四級古籍</td></tr>
<tr><td>破损级别</td><td></td><td></td></tr>
<tr><td rowspan="4">馆藏信息</td><td></td><td></td><td></td></tr>
<tr><td>典藏址</td><td></td><td></td></tr>
<tr><td>典藏号</td><td></td><td></td></tr>
<tr><td>其他编号</td><td></td><td></td></tr>
<tr><td rowspan="10">相关资源</td><td></td><td></td><td></td></tr>
<tr><td>从编</td><td></td><td></td></tr>
<tr><td>子目</td><td></td><td></td></tr>
<tr><td>合刻书名</td><td></td><td></td></tr>
<tr><td>合抄书名</td><td></td><td></td></tr>
<tr><td>合印书名</td><td></td><td></td></tr>
<tr><td>合装书名</td><td></td><td></td></tr>
<tr><td>合函书名</td><td></td><td></td></tr>
<tr><td>附录</td><td></td><td></td></tr>
<tr><td>书目文献</td><td></td><td></td></tr>
<tr><td rowspan="5">主题</td><td rowspan="5"></td><td></td><td>筆記,宋代</td></tr>
<tr><td></td><td>bi ji,song dai</td></tr>
<tr><td>中国分类主题词表</td><td></td></tr>
<tr><td>四库类名</td><td>子部,雜家類,雜纂之屬</td></tr>
<tr><td></td><td>zi bu,za jia lei,za zuan zhi shu</td></tr>
<tr><td rowspan="4">时空范围</td><td></td><td></td><td></td></tr>
<tr><td>地名</td><td></td><td></td></tr>
<tr><td rowspan="2">年代</td><td>年号纪年</td><td></td></tr>
<tr><td>公元纪年</td><td></td></tr>
<tr><td>语种</td><td></td><td></td><td>漢語</td></tr>
<tr><td>来源</td><td></td><td></td><td>據××圖書館古籍特藏庫所藏縮微膠卷掃描,膠卷為 35mm 負片,1 捲,灰度拍照。膠卷典藏號:SJ0021903。</td></tr>
</table>

续表

元素	元素修饰词	编码体系修饰词	实例
来源			古籍原物典藏號:X/088.5/1000.5/C2
权限			××局域網範圍内使用
类型			古籍數字資源
格式			image/jpeg,灰度,300dpi,533M
标识符			http://162.105.139.57:8080/SJ0021903
其他复本信息			

例 39　貴池先哲遺書:三十種,附刻一種,續刻一種

元素	元素修饰词	编码体系修饰词	实例
题名			貴池先哲遺書:三十種,附刻一種,續刻一種
			gui chi xian zhe yi shu
	并列题名		
	版心题名		
	内封题名		
	书衣题名		
	书根题名		
	卷端题名		
	其他题名		
主要责任者			劉世珩
			liu shi heng
	责任者说明		
	责任方式		輯
其他责任者			
	责任者说明		
	责任方式		
日期			
	出版日期	年号纪年	清光緒二十四年至民國十五年
		公元纪年	1898－1926
	印刷日期	年号纪年	
		公元纪年	

元素	元素修饰词	编码体系修饰词	实例
出版者			劉世珩唐石簃
	印刷者		
	出版地		
	印刷地		
版本类型			刻本
	版印说明		遞刻彙印
载体形态			
	装订方式		綫裝
	数量		64 冊(8 函)
	图表		
	尺寸		26×16.2cm
	附件		
附注			版刻年據内封背面題記、編訂題記、重編題記。内封背面鎸"唐石簃彙刻書凡三十種另坿待訪目一種坿錄二種坿刻一種光緒戊戌五月黄岡陶子麟仿宋本式開板於武昌宣統庚申三月全書告成劉世珩題記於上海草鞋浜埜園"。序目後有題宣統庚申(1920)劉世珩編訂題記,續刻序目後有題宣統丙寅(1926)劉世珩重編題記。内封正面鈐"丙寅"朱記。每卷首葉版心鎸"唐石簃本",末葉版心鎸"劉氏刊行"。
	行款版式		
	相关文献附注		
	缺字附注		
	责任者附注		
	从编附注		
	子目附注		貴池唐人集:九種;秋浦雙忠錄:五種;李行季遺詩:一卷,附詩餘一卷;東林本末:三卷,附跋;貴池二妙集:二種四十七卷;化碧錄:一卷;楚漢帝月表:一卷;三唐傳國編年:五卷;一草亭讀史漫筆:二卷;偶存草:一卷;燕字和韻詩:一卷;杏花村志:十二卷,卷末一卷;莊子解:十二卷,卷末一卷;幼科鐵鏡:六卷;南湖集鈔:文八卷,詩四卷;秀山志:十八卷;靜觀書屋詩集:七卷;建文遜國之際月表:二卷,考異一卷。

续表

元素	元素修饰词	编码体系修饰词	实例
	附录		附刻:齊山巖洞志:二十六卷,卷首一卷
	提要		
收藏历史			
	获得方式		
	题跋印记		
文献保护			
	文物级别		
	破损级别		
馆藏信息			
	典藏址		
	典藏号		
	其他编号		
相关资源			
	丛编		
	子目		
	合刻书名		
	合抄书名		
	合印书名		
	合装书名		
	合函书名		
	附录		
	书目文献		
主题			叢書,清代,民國
			cong shu,qing dai,min guo
		中国分类主题词表	
		四库类名	
时空范围			
	地名		
	年代	年号纪年	
		公元纪年	
语种			漢語
来源			據××圖書館古籍特藏庫所藏縮微膠卷掃描,膠卷為35mm负片,6捲,灰度拍照。膠卷典藏號:SJ0022905。

续表

元素	元素修饰词	编码体系修饰词	实例
来源			古籍原物典藏號:X/081.476/7241
权限			××局域網範圍内使用
类型			古籍數字資源
格式			image/jpeg,灰度,300dpi,2.08G
标识符			http://162.105.139.57:8080/SJ0022905
其他复本信息			

三、古籍原物著录实例

例 40　三國志:六十五卷

元素	元素修饰词	编码体系修饰词	实例
题名			三國志:六十五卷
			san guo zhi
	并列题名		
	版心题名		
	内封题名		
	书衣题名		
	书根题名		
	卷端题名		
	其他题名		
主要责任者			陳壽
			chen shou
	责任者说明		晉
	责任方式		撰
其他责任者			裴松之
			pei song zhi
	责任者说明		南朝宋
	责任方式		注

续表

元素	元素修饰词	编码体系修饰词	实例
日期			
	出版日期	年号纪年	宋
		公元纪年	960－1279
	印刷日期	年号纪年	元明
		公元纪年	1271－1644
出版者			
	出版地		衢州
	印刷者		
	印刷地		
版本类型			刻本
	版印说明		遞修
载体形态			
	装订方式		綫装
	数量		20 册(4 函)
	图表		
	尺寸		30.3×20.5cm
	附件		
附注			卷 2 缺 1 葉
	行款版式		
	相关文献附注		
	缺字附注		
	责任者附注		
	丛编附注		
	子目附注		
	附录		
	提要		
收藏历史			
	获得方式		
	题跋印记		
文献保护			
	文物级别		一級古籍乙等
	破损级别		

续表

元素	元素修饰词	编码体系修饰词	实例
馆藏信息			××圖書館
	典藏址		古籍特藏庫
	典藏号		LSB/1513
	其他编号		
相关资源			數字資源
			縮微資源
	从编		
	子目		
	合刻书名		
	合抄书名		
	合印书名		
	合装书名		
	合函书名		
	附录		
	书目文献		
主题			正史,紀傳體,三國
			zheng shi,ji zhuan ti,san guo
		中国分类主题词表	
		四库类名	史部,正史類
			shi bu,zheng shi lei
时空范围			
	地名		
	年代	年号纪年	
		公元纪年	
语种			漢語
来源			
权限			提供複製品閱覽
类型			古籍
格式			
标识符			
其他复本信息			

例 41　香屑集:十八卷,卷首一卷,卷末一卷

元素	元素修饰词	编码体系修饰词	实例
题名			香屑集:十八卷,卷首一卷,卷末一卷
			xiang xie ji
	并列题名		
	版心题名		
	内封题名		重訂香屑集箋註
			chong ding xiang xie ji jian zhu
	书衣题名		
	书根题名		
	卷端题名		
	其他题名		
主要责任者			黃之雋
			huang zhi jun
	责任者说明		清
	责任方式		集唐
其他责任者			陳邦直
			chen bang zhi
	责任者说明		清
	责任方式		校注
日期			
	出版日期	年号纪年	清同治十年
		公元纪年	1871
	印刷日期	年号纪年	
		公元纪年	
出版者			近文堂
	出版地		
	印刷者		
	印刷地		
版本类型			刻本
	版印说明		
载体形态			
	装订方式		綫裝
	数量		4 册(1 函)
	图表		
	尺寸		21.7×13.5cm
	附件		

续表

元素	元素修饰词	编码体系修饰词	实例
附注			内封上横鎸"同治辛未重鎸",内封鎸"〓堂集唐/重訂香屑集箋註/近文堂藏板"。
	行款版式		
	相关文献附注		
	缺字附注		〓=[广(上)吾](wu)
	责任者附注		黄之雋,字石牧,號〓堂;陳邦直,字古愚。
	从编附注		
	子目附注		
	附录		
	提要		
收藏历史			
	获得方式		
	题跋印记		
文献保护			2009 年 6 月定為三級破損,2009 年 11 月修復。
	文物级别		四級古籍
	破损级别		
馆藏信息			× ×圖書館
	典藏址		古籍特藏庫
	典藏号		X/811. 172/4409
	其他编号		
相关资源			數字資源
	从编		
	子目		
	合刻书名		
	合抄书名		
	合印书名		
	合装书名		
	合函书名		
	附录		
	书目文献		

续表

元素	元素修饰词	编码体系修饰词	实例
主题			唐詩,詩集,别集,注釋,清代
			tang shi,shi ji,bie ji,zhu shi,qing dai
		中国分类主题词表	
		四库类名	集部,别集類
			ji bu,bie ji lei
时空范围			
	地名		
	年代	年号纪年	
		公元纪年	
语种			漢語
来源			
权限			館内閲覽
类型			古籍
格式			
标识符			
其他复本信息			

例 42　困學紀聞注:二十卷,首一卷

元素	元素修饰词	编码体系修饰词	实例
题名			困學紀聞注:二十卷,首一卷
			kun xue ji wen zhu
	并列题名		
	版心题名		
	内封题名		
	书衣题名		
	书根题名		
	卷端题名		
	其他题名		
主要责任者			王應麟
			wang ying lin
	责任者说明		宋
	责任方式		撰

续表

元素	元素修饰词	编码体系修饰词	实例
其他责任者			翁元圻
			weng yuan qi
	责任者说明		清
	责任方式		注
日期			
	出版日期	年号纪年	清道光五年
		公元纪年	1825
	印刷日期	年号纪年	
		公元纪年	
出版者			翁氏
	出版地		
	印刷者		
	印刷地		
版本类型			刻本
	版印说明		
载体形态			
	装订方式		綫装
	数量		12 册(2 函)
	图表		
	尺寸		25.5×15.9cm
	附件		
附注			受潮破損
	行款版式		
	相关文献附注		
	缺字附注		
	责任者附注		王應麟,字伯厚。翁元圻,字載青。
	从编附注		
	子目附注		
	附录		
	提要		
收藏历史			
	获得方式		
	题跋印记		

续表

元素	元素修饰词	编码体系修饰词	实例
文献保护			待修復
	文物级别		四級古籍
	破损级别		二級破損
馆藏信息			××圖書館
	典藏址		古籍特藏庫
	典藏号		X/088.5/1000.5
	其他编号		
相关资源			數字資源
			縮微資源
	丛编		
	子目		
	合刻书名		
	合抄书名		
	合印书名		
	合装书名		
	合函书名		
	附录		
	书目文献		
主题			筆記,宋代
			bi ji,song dai
		中国分类主题词表	
		四库类名	子部,雜家類,雜纂之屬
			zi bu,za jia lei,za zuan zhi shu
时空范围			
	地名		
	年代	年号纪年	
		公元纪年	
语种			漢語
来源			
权限			館内閱覽
类型			古籍
格式			
标识符			

续表

元素	元素修饰词	编码体系修饰词	实例
其他复本信息			複本2:13冊(2函);尺寸25.5×16.2cm;鈐印:“鍾廣”“芷晴”;典藏號:X/088.5/1000.5/C2。
其他复本信息			複本3:16冊(2函);尺寸:26.6×16.8cm;獲得方式:張芝聯教授贈書;書首總目提要、原序抄補;末卷尾葉抄補;書前有墨筆識語,署張采田,書眉間有墨筆批語;典藏號:X/088.5/1000.5/C3。
其他复本信息			複本4:12冊(2函);收藏歷史:張政烺舊藏;典藏址:××圖書館中國考古學研究中心;典藏號:KG/3-0341。

例43　唐女郎魚玄機詩:一卷

元素	元素修饰词	编码体系修饰词	实例
题名			唐女郎魚玄機詩:一卷
			tang nv lang yu xuan ji shi
	并列题名		
	版心题名		
	内封题名		
	书衣题名		
	书根题名		
	卷端题名		
	其他题名		
主要责任者			魚玄機
			yu xuan ji
	责任者说明		唐
	责任方式		撰
其他责任者			
	责任者说明		
	责任方式		
日期			
	出版日期	年号纪年	民國初期
		公元纪年	1912–1927
	印刷日期	年号纪年	
		公元纪年	

续表

元素	元素修饰词	编码体系修饰词	实例
出版者			周叔弢
	出版地		
	印刷者		
	印刷地		
版本类型			影印本
	版印说明		
载体形态			
	装订方式		蝴蝶装
	数量		1 册(合 1 函)
	图表		
	尺寸		37. 6×27. 5cm
	附件		
附注			
	行款版式		
	相关文献附注		
	缺字附注		
	责任者附注		
	从编附注		
	子目附注		
	附录		
	提要		
收藏历史			
	获得方式		
	题跋印记		函套所贴書簽墨筆書"景宋本唐女郎魚玄機詩戊午孟春之月无咎購藏"。
文献保护			
	文物级别		
	破损级别		
馆藏信息			××圖書館
	典藏址		古籍特藏庫
	典藏号		X/811. 1488/2704. 1
	其他编号		

续表

元素	元素修饰词	编码体系修饰词	实例
相关资源			數字資源
	丛编		
	子目		
	合刻书名		
	合抄书名		
	合印书名		
	合装书名		
	合函书名		
	附录		
	书目文献		
主题			魚玄機,唐詩,别集,唐代
			yu xuan ji,tang shi,bie ji,tang dai
		中国分类主题词表	
		四库类名	集部,别集類
			ji bu,bie ji lei
时空范围			
	地名		
	年代	年号纪年	
		公元纪年	
语种			漢語
来源			
权限			館内閲覽
类型			古籍
格式			
标识符			
其他复本信息			複本 2 – 3:複本 3 為綫裝;尺寸:36cm。

例 44　貴池先哲遺書:三十種,附刻一種,續刻一種

元素	元素修饰词	编码体系修饰词	实例
题名			貴池先哲遺書:三十種,附刻一種,續刻一種
			gui chi xian zhe yi shu
	并列题名		

续表

元素	元素修饰词	编码体系修饰词	实例
	版心题名		
	内封题名		
	书衣题名		
	书根题名		
	卷端题名		
	其他题名		
主要责任者			劉世珩
			liu shi heng
	责任者说明		
	责任方式		輯
其他责任者			
	责任者说明		
	责任方式		
日期			
	出版日期	年号纪年	清光緒二十四年至民國十五年
		公元纪年	1898 - 1926
	印刷日期	年号纪年	
		公元纪年	
出版者			劉世珩唐石簃
	印刷者		
	出版地		
	印刷地		
版本类型			刻本
	版印说明		遞刻彙印
载体形态			
	装订方式		綫装
	数量		64 册(8 函)
	图表		
	尺寸		26 × 16. 2cm
	附件		

续表

元素	元素修饰词	编码体系修饰词	实例
附注			版刻年據内封背面題記、編訂題記、重編題記。内封背面鎸"唐石簃彙刻書凡三十種另坿待訪目一種坿錄二種坿刻一種光緒戊戌五月黄岡陶子麟仿宋本式開板於武昌宣統庚申三月全書告成劉世珩題記於上海草鞋浜埜園"。序目後有題宣統庚申(1920)劉世珩編訂題記,續刻序目後有題宣統丙寅(1926)劉世珩重編題記。内封正面鈐"丙寅"朱記。每卷首葉版心鎸"唐石簃本",末葉版心鎸"劉氏刊行"。
	行款版式		
	相关文献附注		
	缺字附注		
	责任者附注		
	丛编附注		
	子目附注		
	附录		
	提要		
收藏历史			
	获得方式		
	题跋印记		
文献保护			
	文物级别		
	破损级别		
馆藏信息			××圖書館
	典藏址		古籍特藏庫
	典藏号		X/081. 476/7241
	其他编号		
相关资源			數字資源
			縮微資源
	丛编		
	子目		貴池唐人集:九種
	子目		秋浦雙忠錄:五種
	子目		李行季遺詩:一卷,附詩餘一卷

续表

元素	元素修饰词	编码体系修饰词	实例
	子目		東林本末:三卷,附跋
	子目		貴池二妙集:二種四十七卷
	子目		化碧錄:一卷
	子目		楚漢帝月表:一卷
	子目		三唐傳國編年:五卷
	子目		一草亭讀史漫筆:二卷
	子目		偶存草:一卷
	子目		燕字和韻詩:一卷
	子目		杏花村志:十二卷,卷末一卷
	子目		莊子解:十二卷,卷末一卷
	子目		幼科鐵鏡:六卷
	子目		南湖集鈔:文八卷,詩四卷
	子目		秀山志:十八卷
	子目		静觀書屋詩集:七卷
	子目		建文遜國之際月表:二卷,考異一卷
	合刻书名		
	合抄书名		
	合印书名		
	合装书名		
	合函书名		
	附录		附刻齊山巖洞志:二十六卷,卷首一卷
	书目文献		
主题			叢書,清代,民國
			cong shu,qing dai,min guo
		中国分类主题词表	
		四库类名	
时空范围			
	地名		
	年代	年号纪年	
		公元纪年	
语种			漢語
来源			
权限			館内閲覽

续表

元素	元素修饰词	编码体系修饰词	实例
类型			古籍
格式			
标识符			
其他复本信息			複本 2:63 冊(8 函);書高:26.5cm;《貴池唐人集》内缺:劇談錄:二卷,逸文;費冠卿詩:一卷,坿文一首。典藏號:X/081.476/7241/C2。

例 45　貴池唐人集:九種

元素	元素修饰词	编码体系修饰词	实例
题名			貴池唐人集:九種
			gui chi tang ren ji
	并列题名		
	版心题名		
	内封题名		
	书衣题名		
	书根题名		
	卷端题名		
	其他题名		
主要责任者			劉世珩
			liu shi heng
	责任者说明		
	责任方式		輯
其他责任者			
	责任者说明		
	责任方式		
日期			
	出版日期	年号纪年	清光緒二十九至三十一年
		公元纪年	1903 – 1905
	印刷日期	年号纪年	
		公元纪年	
出版者			劉世珩唐石簃
	出版地		貴池
	印刷者		
	印刷地		

续表

元素	元素修饰词	编码体系修饰词	实例
版本类型			刻本
	版印说明		遞刻彙印
载体形态			
	装订方式		綫裝
	数量		
	图表		
	尺寸		26×16.2cm
	附件		
附注			版刻年據子目各種識語及序目識語。内封背面鐫"劉氏唐石簃彙刻貴池先哲遺書"。序目後有清光緒三十一年劉世珩識語。每卷首葉版心鐫"唐石簃本",末葉版心鐫"劉氏刊行"。
			14 冊
	行款版式		
	相关文献附注		
	缺字附注		
	责任者附注		
	从编附注		
	子目附注		
	附录		
	提要		
收藏历史			
	获得方式		
	题跋印记		
文献保护			
	文物级别		
	破损级别		
馆藏信息			××圖書館
	典藏址		古籍特藏庫
	典藏号		X/081.476/7241/:1-:2
	其他编号		

续表

元素	元素修饰词	编码体系修饰词	实例
相关资源			數字資源
			縮微資源
	丛编		貴池先哲遺書:三十種,附刻一種,續刻一種
	子目		劇談錄:二卷,逸文
	子目		費冠卿詩:一卷,坿文一首
	子目		張處士詩集:五卷
	子目		周繇詩:一卷
	子目		顧雲詩:一卷,文一卷
	子目		張喬詩:一卷,文一首
	子目		唐風集:三卷,逸詩,坿一卷
	子目		殷文圭詩:一卷,文一首
	子目		伍喬詩:一卷
	合刻书名		
	合抄书名		
	合印书名		
	合装书名		
	合函书名		
	附录		
	书目文献		
主题			唐詩,叢書,清代,民國
			tang shi,cong shu,qing dai,min guo
		中国分类主题词表	
		四库类名	集部,總集類
			ji bu,zong ji lei
时空范围			
	地名		
	年代	年号纪年	
		公元纪年	
语种			漢語
来源			
权限			館内閲覽
类型			古籍
格式			

续表

元素	元素修饰词	编码体系修饰词	实例
标识符			
其他复本信息			複本2:13 冊(8 函);書高:26.5cm;缺:劇談錄:二卷,逸文;費冠卿詩:一卷,坿文一首。典藏號:X/081.476/7241/C2:1-:2。

例 46　劇談錄:二卷,逸文

元素	元素修饰词	编码体系修饰词	实例
题名			劇談錄:二卷,逸文
			ju tan lu
	并列题名		
	版心题名		
	内封题名		
	书衣题名		
	书根题名		
	卷端题名		
	其他题名		
主要责任者			康骿
			kang pian
	责任者说明		唐
	责任方式		述
其他责任者			
	责任者说明		
	责任方式		
日期			
	出版日期	年号纪年	清光緒二十九年
		公元纪年	1903
	印刷日期	年号纪年	民國十五年
		公元纪年	1926
出版者			劉氏唐石簃
	出版地		貴池
	印刷者		
	印刷地		

续表

元素	元素修饰词	编码体系修饰词	实例
版本类型			刻本
	版印说明		
载体形态			
	装订方式		綫裝
	数量		
	图表		
	尺寸		26×16.2cm
	附件		
附注			書末鎸“貴池先哲遺書第一”。卷端題名下鎸“貴池唐人集第一”。卷末有光緒二十九年劉世珩跋。每卷首葉版心鎸“唐石簃本”,末葉版心鎸“劉氏刊行”。
			合1册
	行款版式		
	相关文献附注		
	缺字附注		
	责任者附注		
	丛编附注		
	子目附注		
	附录		
	提要		
收藏历史			
	获得方式		
	题跋印记		
文献保护			
	文物级别		
	破损级别		
馆藏信息			××圖書館
	典藏址		古籍特藏庫
	典藏号		X/081.476/7241:1
	其他编号		
相关资源			數字資源
			縮微資源
	丛编		貴池唐人集:九種
	子目		

续表

元素	元素修饰词	编码体系修饰词	实例
	合刻书名		
	合抄书名		
	合印书名		
	合装书名		
	合函书名		
	附录		
	书目文献		
主题			雜記,小說,唐代
			za ji,xiao shuo,tang dai
		中国分类主题词表	
		四库类名	子部,小說家類,異聞之屬
			zi bu,xiao shuo jia lei,yi wen zhi shu
时空范围			
	地名		
	年代	年号纪年	
		公元纪年	
语种			漢語
来源			
权限			館内閲覽
类型			古籍
格式			
标识符			
其他复本信息			

例 47　齊山巖洞志:二十六卷,卷首一卷

元素	元素修饰词	编码体系修饰词	实例
题名			齊山巖洞志:二十六卷,卷首一卷
			qi shan yan dong zhi
	并列题名		
	版心题名		
	内封题名		
	书衣题名		

续表

元素	元素修饰词	编码体系修饰词	实例
	书根题名		
	卷端题名		
	其他题名		
主要责任者			陳蔚
			chen wei
	责任者说明		清
	责任方式		纂輯
其他责任者			
	责任者说明		
	责任方式		
日期			
	出版日期	年号纪年	清光緒二十七年
		公元纪年	1901
	印刷日期	年号纪年	民國十五年
		公元纪年	1926
出版者			劉氏唐石簃
	出版地		貴池
	印刷者		
	印刷地		
版本类型			刻本
	版印说明		
载体形态			
	装订方式		綫裝
	数量		
	图表		
	尺寸		26×16.2cm
	附件		
附注			每卷卷末書牌鐫“貴池先哲遺書附刊單行/南山劉氏唐石簃繙原本”，有光緒二十七年劉世珩識語。
			8 冊
	行款版式		
	相关文献附注		

续表

元素	元素修饰词	编码体系修饰词	实例
	缺字附注		
	责任者附注		
	从编附注		
	子目附注		
	附录		
	提要		
收藏历史			
	获得方式		
	题跋印记		
文献保护			
	文物级别		
	破损级别		
馆藏信息			××圖書館
	典藏址		古籍特藏庫
	典藏号		X/081.476/7241:8
	其他编号		
相关资源			數字資源
			縮微資源
	丛编		
	子目		
	合刻书名		貴池先哲遺書:三十種,附刻一種,續刻一種
	合抄书名		
	合印书名		
	合装书名		
	合函书名		
	附录		
	书目文献		
主题			山志,地方志
			shan zhi, di fang zhi
		中国分类主题词表	地方文獻
			di fang wen xian
		四库类名	史部,地理類,山水之屬
			shi bu, di li lei, shan shui zhi shu

续表

元素	元素修饰词	编码体系修饰词	实例
时空范围			
	地名		
	年代	年号纪年	
		公元纪年	
语种			漢語
来源			
权限			館内閲覽
类型			古籍
格式			
标识符			
其他复本信息			複本 2：書高：26.5cm；典藏號：X/081.476/7241/C2：8。

例 48　水經注：四十卷

元素	元素修饰词	编码体系修饰词	实例
题名			水經注：四十卷
			shui jing zhu
	并列题名		
	版心题名		
	内封题名		
	书衣题名		
	书根题名		
	卷端题名		
	其他题名		
主要责任者			桑欽
			sang qin
	责任者说明		漢
	责任方式		撰
其他责任者			酈道元
			li dao yuan
	责任者说明		後魏
	责任方式		注

续表

元素	元素修饰词	编码体系修饰词	实例
日期			
	出版日期	年号纪年	清康熙
		公元纪年	1662－1722
	印刷日期	年号纪年	
		公元纪年	
出版者			項氏群玉書堂
	出版地		
	印刷者		
	印刷地		
版本类型			刻本
	版印说明		
载体形态			
	装订方式		綫裝
	数量		20 册(4 函)
	图表		
	尺寸		26.2×16.4cm
	附件		
附注			内封面题:“項氏群玉書堂”。
			18 册
	行款版式		11 行 21 字,白口,四周單邊,框高 18cm,寬 13.6cm。
	相关文献附注		
	缺字附注		
	责任者附注		
	从编附注		
	子目附注		
	附录		
	提要		
收藏历史			
	获得方式		
	题跋印记		鈐“北平孔德學校之章”朱印。
文献保护			
	文物级别		
	破损级别		

续表

元素	元素修饰词	编码体系修饰词	实例
馆藏信息			××圖書館
	典藏址		古籍特藏庫
	典藏号		SB/981. 341/1731. 1
	其他编号		
相关资源			
	从编		
	子目		
	合刻书名		山海經:十八卷
	合抄书名		
	合印书名		
	合装书名		
	合函书名		
	附录		
	书目文献		
主题			水經注,河流,地理
			shui jing zhu,he liu,di li
		中国分类主题词表	
		四库类名	史部,地理類,河渠之屬
			shi bu,di li lei,he qu zhi shu
时空范围			
	地名		
	年代	年号纪年	
		公元纪年	
语种			漢語
来源			
权限			館内閲覽
类型			古籍
格式			
标识符			
其他复本信息			複本2:16 冊(2 函),書高:27cm;框高 17. 9cm,寬 13. 4cm 缺:山海經:十八卷 SB/981. 341/1731. 1/C2。
其他复本信息			複本3:書高:25. 9cm;框高 18. 2cm,寬 13. 7cm;無内封。典藏號:SB/981. 341/1731. 1/C3。

例 49　山海經:十八卷

元素	元素修饰词	编码体系修饰词	实例
题名			山海經:十八卷
			shan hai jing
	并列题名		
	版心题名		
	内封题名		
	书衣题名		
	书根题名		
	卷端题名		
	其他题名		
主要责任者			郭璞
			guo pu
	责任者说明		晉
	责任方式		注
其他责任者			
	责任者说明		
	责任方式		
日期			
	出版日期	年号纪年	清康熙
		公元纪年	1662 – 1722
	印刷日期	年号纪年	
		公元纪年	
出版者			項氏群玉書堂
	出版地		
	印刷者		
	印刷地		
版本类型			刻本
	版印说明		
载体形态			
	装订方式		綫裝
	数量		
	图表		
	尺寸		26. 2 × 16. 4cm
	附件		

续表

元素	元素修饰词	编码体系修饰词	实例
附注			内封背面題:"項氏群玉書堂"。
			2 冊
	行款版式		11 行 21 字,白口,四周單邊,框高 18cm,寬 13.6cm。
	相关文献附注		
	缺字附注		
	责任者附注		
	从编附注		
	子目附注		
	附录		
	提要		
收藏历史			
	获得方式		
	题跋印记		鈐"北平孔德學校之章"朱印。
文献保护			
	文物级别		
	破损级别		
馆藏信息			××圖書館
	典藏址		古籍特藏庫
	典藏号		SB/981.341/1731.1:4
	其他编号		
相关资源			數字資源
	从编		
	子目		
	合刻书名		水經注:四十卷
	合抄书名		
	合印书名		
	合装书名		
	合函书名		
	附录		
	书目文献		

续表

元素	元素修饰词	编码体系修饰词	实例
主题			神話,小說,史料,中國
			shen hua,xiao shuo,shi liao,zhong guo
		中国分类主题词表	
		四库类名	子部,小說家類,異聞之屬
			zi bu,xiao shuo jia lei,yi wen zhi shu
时空范围			
	地名		
	年代	年号纪年	
		公元纪年	
语种			漢語
来源			
权限			館内閲覽
类型			古籍
格式			
标识符			
其他复本信息			複本 2:書高:25.9cm;框高 18.1cm,寬 13.8cm。 典藏號:SB/981.341/1731.1/C3:4。

四、古籍缩微资源著录实例

例 50　困學紀聞注:二十卷,首一卷

元素	元素修饰词	编码体系修饰词	实例
题名			困學紀聞注:二十卷,首一卷
			kun xue ji wen zhu
	并列题名		
	版心题名		
	内封题名		
	书衣题名		
	书根题名		
	卷端题名		
	其他题名		

续表

元素	元素修饰词	编码体系修饰词	实例
主要责任者			王應麟
			wang ying lin
	责任者说明		宋
	责任方式		撰
其他责任者			翁元圻
			weng yuan qi
	责任者说明		清
	责任方式		注
日期			
	出版日期	年号纪年	清道光五年
		公元纪年	1825
	印刷日期	年号纪年	
		公元纪年	
出版者			翁氏
	出版地		
	印刷者		
	印刷地		
版本类型			刻本
	版印说明		
载体形态			
	装订方式		
	数量		13 冊(2 函)
	图表		
	尺寸		25.5×15.9cm
	附件		
附注			
	行款版式		
	相关文献附注		
	缺字附注		
	责任者附注		王應麟,字伯厚。翁元圻,字載青。
	从编附注		
	子目附注		
	附录		
	提要		

续表

元素	元素修饰词	编码体系修饰词	实例
收藏历史			
	获得方式		
	题跋印记		鈐印:“鍾廣”“芷晴”。
文献保护			
	文物级别		四級古籍
	破损级别		
馆藏信息			××圖書館
	典藏址		古籍特藏庫
	典藏号		SJ0021903
	其他编号		
相关资源			
	丛编		
	子目		
	合刻书名		
	合抄书名		
	合印书名		
	合装书名		
	合函书名		
	附录		
	书目文献		
主题			筆記,宋代
			bi ji,song dai
		中国分类主题词表	
		四库类名	子部,雜家類,雜纂之屬
			zi bu,za jia lei,za zuan zhi shu
时空范围			
	地名		
	年代	年号纪年	
		公元纪年	
语种			漢語
来源			據××圖書館古籍特藏庫所藏古籍原物拍照,原物典藏號:X/088.5/1000.5/C2。
权限			館内閲覽

续表

元素	元素修饰词	编码体系修饰词	实例
类型			古籍縮微資源
格式			縮微膠卷,灰度,35mm 負片,1 捲
标识符			
其他复本信息			

后　记

2009 年 7 月，受国家图书馆委托，北京大学图书馆以单一来源采购的形式承担了“国家数字图书馆工程专门元数据标准与著录规范——古籍”项目的研制任务，并于同年 10 月与国家图书馆签订了研制合同。为顺利完成研制任务，实现为国家数字图书馆建设提供古籍元数据应用规范的任务，北京大学图书馆成立了专门的项目组，制定项目实施计划，推进项目研制工作。北京大学图书馆项目组以副馆长肖珑为总负责人，项目组组成如下：

组长：刘大军

成员：姚伯岳、于义芳、沈芸芸、马月华

国家图书馆则在 2007 年 9 月成立“国家数字图书馆工程专门元数据标准与著录规范——古文献”甲方项目组，负责古籍、舆图、拓片、家谱及甲骨等 5 个古文献类元数据标准和著录规范研制的需求提出、研制配合、成果文本修改等工作。该项目组组成为：

组长：苏品红

成员：谢冬荣、鲍国强、冀亚平、王荟、卢芳玉、白鸿叶、孙俊、申军

作为国家级数字图书馆建设项目所需的标准规范研制项目，其成果需要达到内容完整、国内先进、可互操作、可持续发展，以及可指导国家数字图书馆建设实践的要求，因此，尽管有丰富的前期研究成果可以参考，在项目研制过程中还是遇到了不少难题，项目组因此花费了大量的时间和精力，调研了众多相关元数据应用方案和实例，与国内外专家进行了深入探讨，在项目需求的交流和确认、技术方案的选择和标准的制订及修改等方面做了大量的工作。北大项目组于 2010 年 5 月提交成果初稿，此后又根据国家图书馆及业界专家的意见和建议对成果进行了多次修改，于 2012 年 3 月通过国家图书馆项目组验收，于 2012 年 5 月通过国家图书馆馆内专家的验收，于 2012 年 9 月进行网上公示，最后于 2012 年 11 月 8 日通过业界专家验收，并于 2013 年 3 月项目结项，共历时 3 年有余，项目最终圆满完成，达到了预期目标。

感谢北京大学图书馆朱强馆长，在本项目申报及研制过程中，他自始至终给予鼓励及支持。

感谢国家图书馆的谢强、李春明、董馥荣、周晨、王洋等诸位先生，他们从不同角度提出的建议和帮助使得本项目的研究成果更经得起检验。

特别要感谢国家图书馆业务管理处的王文玲、胡昱晓两位同志，4 年来他们信使般的服务，为北京大学图书馆项目组、国家图书馆项目组和各位专家搭建了沟通联系的桥梁，将项目的进程不断推向纵深。

感谢中国社会科学院考古研究所冯时研究员、北京师范大学文学院李国英教授、中国科学院国家科学图书馆张建勇研究员、北京师范大学信息管理系耿骞教授、清华大学图书馆科技史暨古文献研究所刘蔷研究员，他们作为业界专家所给予的指导和批评意见保证了该项目研究成果的质量。

编者

2013 年 5 月 31 日